JPC
HK

浮城述夢人

香港作家訪談錄

前言：筆尖上的香港

廖偉棠

南方有嘉木，強者多不識，因其不識，所以不害，嘉木秀於林，幸亦不被摧。這是香港文學的福之所倚。

原來想把這本香港作家訪談錄命名為《筆尖上的香港》，那樣與其說是對《舌尖上的中國》的聯想，還不如說是反思。飲食男女，茲體事大，無可厚非，然而在本城本國，這卻漸漸成為了人民唯一關心的享受，是亦可憐。筆尖上創造的，唯黑白文字而已，本無五色五音之炫，如若讀者有心，卻能聽弦外之音，睹情外之色，箇中極樂不足為外人道，若強道之，最好是由作者自圓其說，於是就有了作家訪談這回事。

至於香港文學，對於某些大陸和台灣讀者，以及推崇「正統」的本港讀者，從文化沙漠之貶到正朔脈傳之褒，都是想像多於體察。其實香港和香港文學就在這裏，無所謂製造、無所謂正名、無所謂獨立，自然生長，乃是文學的最佳狀態，許多意外、許多神奇，亦由此而來。而筆尖所承，四兩撥千斤，未必只是一點。這樣一個繁花盛開的香港，亦並不離群索居，筆尖沾的不是貴族的淚水，而是平民的汗水，嘗之鹹澀如鹽，鹽加於這平淡的人間煙火，味蕾就被重重打開了。

寫作如魚飲水，冷暖或自知。本書非要作解人，只想做一個催眠師，讓善夢者講出他們夢的源頭，讓愛夢者可以得知，甚至從中學習一些夢的技法，那就很好。如果還有小小隱秘野心，就是讓大家來一起反思這些作家長大的六、七十年代，反思他們製造或繼承的寶藏如何，此亦我之執念也，所以最終定名《浮城述夢人》。

這系列訪談錄，除了北島一篇和附錄黃燦然談翻譯一篇外，餘皆催生自《明報周刊》主編三三女士，採寫、連載於二〇一一至二〇一二年其文化版，在此深深感謝她和雜誌的卓見，給予香港作家如此尊重和重視。更感謝受訪作家大力支持，接受訪談、提供作品。本書內作家肖像照片多為本人所攝，另獲陶然先生和鍾玲女士提供珍貴照片，在此再謝。

目錄

01

三生杜牧說前事

訪・蔡炎培

就像說「先生」我們一般都是指魯迅先生一樣，在香港文化界說「蔡詩人」則肯定是指蔡炎培，他以他張狂的詩人形象和不拘一格的長短章詩篇，恰好符合了安分守己的香港人對「詩人」的想像。

我從不掩飾對蔡詩人的喜愛，因為他是香港這彬彬之地罕見的真性情之人，我始終認為寫詩絕對需要真性和熱情，蔡詩人雖然年長我近四十歲，激情卻不讓二十少年，常常給我們提示生之慾、文字之慾為何。我曾戲稱，與蔡炎培一席談，勝吃十鍋羊腩煲，所以初冬風緊，我便生一訪蔡詩人的念頭，詩人互相取暖，夜話不必圍爐。

其實如果說什麼波希米亞香港，蔡炎培與其同代的詩人崑南、戴天、畫家蔡浩泉、王無邪等哥兒們應該算是第一代波希米亞香港人。走進蔡詩人獨居的寓所，欣見凌亂如昔——我當然沒有親眼見過昔日的蔡詩人，我想見的是那一個遙遠時代的縱酒長歌之夕，凌亂的是生活的面孔，因為凌亂而充滿生機與神秘。

在堆滿各種詩集和小說的飯桌上，空出了一張 A4 紙大小的位置，那裏放着一摞白紙和一枝鋼筆——蔡炎培無論寫詩寫文還是抄稿，都親自手寫，別說電腦了，影印機、傳真機他都不用。在這個網路時代，我郵箱裏唯一能收到的實體書信，就來自蔡炎培，抬頭必寫某某詩人收，讀之就如互通天地會暗號一般的光榮。

蔡炎培和我天南地北聊天，常常離題遠奔，談名師、名士，談情傷、情傲——當年多少人被他詩歌中兼有的溫柔與孟浪之姿所傾迷！但他就像他所私淑的詩人吳興華，獨來獨往，自恃一身才華與傲氣，不惜碰釘與寂寞。寧可天下人負我，我不負天下人——他又有這樣一種癡情，是與所謂英雄不同的、一種甘入地獄的大悲憫所在。

「我接觸到吳興華才覺得這個人才有資格做我的老師，他很深沉。我熟讀他的〈秋日的女王〉、〈記憶〉、〈絕句〉、〈十四行〉……都能背出來。我是很挑剔的，覺得詩的文字和節奏必須很講究，吳能滿足我。他的重要在於承先啟後，是新詩運動最重要的詩人。」素未謀面的吳興華曾經救他一命，「那時我因為感情問題幾乎崩潰，出現幻聽幻覺。那是我在台灣讀書回來，Blue Coat 要離開我。」Blue Coat 是他生命中重要的女子之一，告別的年代、分開的理由從來不需訴說出口，唯嘆天以百般磨難成就一詩人而已，「直到我在文學雜誌讀到吳的〈論黎爾克的詩〉（編按：黎爾克〔Rainer Maria Rilke, 1875-1926〕，德國詩人），馬上感悟了，詩歌晉級了，寫出一系列的好詩來。我沒有見過吳興華，但私淑他是老師。」

從此他學會了豁達，雖説仍然想茲念茲，念茲在茲，他也就一以貫之此道。「我一直這樣走的，我是一個跟着命運走的人，別人會計劃什麼，我不會，即使如今這個年紀也如是，我一直感謝上天給我能夠走到今天的機會。」愛情、寫作、還有賭博，成為他生命中最自豪的事情，我想起的，是他的那句妙語：「寫詩如花錢，花完便算。」愛情呢，他倒不這樣瀟脱。

赴台灣求學，蔡炎培開始拚命寫詩，寄了一首去《創世紀》，馬上被刊用了，當時香港有幾個詩人被台灣看到？詩歌給予他的台灣歲月極好的回憶，「我在台中唸書，路過台北的時候就會和那裏的詩人會面，葉維廉介紹我認識瘂弦和洛夫。我還記得一次在淡水河畔，我拿〈離騷〉給他們看，大概是一九五八、一九五九年之間。在淡水河畔吃烤肉，瘂弦和洛夫問我：『在那急流河畔，滿月在扶光之中』何謂之『扶光』？我說：現在滿月，它的光像水一樣，快到滿瀉，但是因為有張力而不瀉，所以像扶住光一樣。他們說有道理，作出一個要頒給我學位的姿勢。」那夜之後，瘂弦送他上車，對他說「炎培，我們的文壇是有希望的。」這句話他至今還記得。

休學復學等等，一直讀了七、八年，一九六四年他才讀完那漫長的書。其實是因為中間休學過一次，「命運不肯放過我，休學時做了一年九巴車長——又叫鋸王，負責開閘放人的。後來升為賣票，每月有三百多元薪水——西西的哥哥就是做賣票的——結果在巴士上遇見我喜歡的女孩（另一個，《日落的玫瑰》為她寫），她說你怎麼休學了？快回去讀書！」蔡炎培不願意回去讀書，卻被她的這樣一句話打動了：「你不考慮你自己，你也考慮一下我啊」，「那我就沒辦法了。我就馬上辭職回去讀書。但當我回去讀書後，她才說認我做大哥——你早知在香港就講啊！何必這樣玩我。結果我一怒之下和她絕交了。書還得繼續讀，但是心裏很掙扎，那首『幸而誰的胸前也有耶穌』其實是很憤怒的。」

再次回港，找到工作之前一年全靠稿費維生，蔡炎培寫「四毫子小說」現在已經成為佳話，還有其他的趣事：當時羅孚主編左派雜誌《海光文藝》，可能為着「統戰」文人，稿費給得很好，「我寫一篇短稿給很多稿費，還找人專門送到我北角住處。我跟王亭之說我寫一首詩就夠半個月生活費，他不信，很簡單，大魚大肉不可能，但如果你去糖水道吃兩碗白粥一碟花生，絕對可以過半個月。」

當時主要還是靠蔡浩泉主編「星期文庫」（《今晚報》），讓大家一個月寫一部「四毫子小說」，四萬字給兩百元稿費，足矣——那時候私校教員一個月才一百元。蔡炎培和蔡浩泉等五個作家藝術家合租一個單位做工作室，租金六十元。「周石和我索性住在那裏專門寫小說，我寫了兩本《日落的玫瑰》和《風孃》，然後沒有靈感了，於是想到改編，改過托馬斯・曼（Paul Thomas Mann, 1875-1955）的《魔山》！有個好笑的逸事，我改編的有霍桑（Nathaniel Hawthorne, 1804-1864）的《古屋雜憶》，從夏濟安的譯本改，還有海明威（Ernest Miller Hemingway, 1899-1961）的《戰地鐘聲》。有人看見後就向夏濟安告狀，結果夏回他一句：此子獨具隻眼！」

談到自己的文學，蔡炎培眉飛色舞，我不禁問他：「《日落的玫瑰》這麼前衛，有人買嗎？」他說：「那時香港沒有電視，所以連女工都會買小說，但我只收到過一封讀者來信，她說你這是很真誠的人生。」

小說只是他生命的插曲，核心還是詩，六、七十年代他們的生活，幾乎只圍繞詩來展開。「戴天他們在九龍塘辦創建書院，邀請過我去唸詩，劉紹銘聽得哈哈笑，笑起來還拍大髀——我最記得這個片段。那時我在編《中國學生周報》的『詩之頁』，西西見我百無聊賴，就讓給我做主編，我就能在編『詩之頁』的時候偶爾登自己一首詩賺點稿費，因為編輯是沒有錢的。當時我會評詩，因為我喜歡賭馬，所以用了馬經術語來評詩，林悅恒社長以為我發神經，就找羅卡來和我聊天，請我吃魚蛋河，吃完一碗我說不夠！我還要吃多一碗。聊完天後羅卡跟我說：『他們說你有神經病，我看不像啊。』」這談笑間，是多少日後的鴻儒！

說到賭馬，那更是蔡炎培最大的特色，古今中外愛賭的文人不少，賭到寫馬經的可能只有蔡炎培一個，陀思妥耶夫斯基（Fyodor Mikhailovich Dostoevsky, 1821-1881）也甘拜下風。一九六六年六月六日蔡炎培入《明報》做助理編輯，二百八十元一個月，阮囊羞澀，所以「一開始我不是賭馬，是賭狗仔」，因為狗仔的賭注少而已。恰好進去《明報》沒多久，簡老八（簡而清）說要找一個馬評助手，戴天就推薦了能寫好賭的蔡炎培，為簡老八整理他評馬的錄音稿，並且送稿去各個報社。「當時《明報》工資已經有四百五十元，這個兼職有一百五十元，已經算不錯了。後來我在《蘋果》寫過兩年馬經。稿費比文學稿費高得多！」但他賭馬也賭得很有詩意，「賺點茶錢而已，我喜歡的馬我就買，不計冷熱。我賭馬因為愛馬——我覺得馬是天生很悲壯的動物。」

一九六七年，好友亦舒和蔡浩泉結婚，在樂宮樓擺一圍喜酒，「那時暴動已經遍地開花。十點多，李怡上來說時間到了、時間到了，催羅孚走，胡菊人、戴天和羅孚就說：為長江飲勝！為黃河飲勝！結果喝得『撇撇乎』，只有我對自己說我不能醉，結果是我扶着戴天回家的，誰料到家時衝出了幾個文學青年：淮遠、李國威、關夢南，他們在樓下等戴天，要他指點詩歌迷津！」這一段少年風流事，已經成為香港文學的小傳奇。

從別人的婚禮說到自己，蔡炎培對往事留戀萬分，伸手拿來一張黑白好照片——其實我一進他家門就看到了，美好的韶光流連在其上。「看我當時的結婚照，成個共產黨員、左派的樣子，其實是因為結婚都沒有西裝，只好穿成這樣。」他於一九六九年認識了終生至愛璽璽，竟是文字姻緣，「她那時候寫一些短篇小說，有一天她寫了一篇〈廢船〉被我讀到，最後一句是：『只有一滴水，也能流到中國。』這句真是要了我命，那晚燈下默然良久，馬上寫了一封信給她」。信裏是這麼直接的一句：「我愛着你作品的同時，也深愛着你」，「那時完全沒有見過她，但想她即使長得是個醜八怪也不管，總之我就深愛着你，姻緣這東西就是這麼奇妙的了。」

這是一段勇敢的羅曼史，也就那個年代的激情青春能豁出去。璽璽那時本來有男朋友，但正好收到蔡炎培的信那天跟男友吵架，詩人走運了，「她回信給我的時候附上了她和男友在台灣師大拍的照片——我一下子把照片撕成兩半，把她男友照片寄回給她，說：『男的釋放，女的扣留！』後來，那是她寒假的時候，我記得那一天我在公司賭錢，把雙糧都輸光後，回家躺在床上（那時我住北角大廈），聽得我媽媽說：有位小姐找你喔，我探頭一看，不但不是醜八怪，竟是美若天仙！她全身穿黑色，眼睛美得不得了——李國威都誇過的。」如是開始了戀愛，到暑假時璽璽提前離校回來和蔡炎培註冊結婚，「戴天和胡菊人做證婚人，後來是懷着我們的大女兒回去考畢業試的。這就是人生了。」蔡炎培特意囑咐，要把這一段時光寫下來。

「愛情很簡單的，除了美麗沒有其他」——這是他最後贈我的金句。

他這一代生於民國，多少沾了些民初士人的仙氣。但在現今這個時代，士人又焉能有彼時指點江山、敢愛敢恨之酣暢，所以我曾寫過一篇論文名為〈佯狂的醉者：論蔡炎培〉，佩服他們如今尚能以佯狂來抵抗。蔡詩人送我離家時又提起這篇文章，笑稱我用姜夔「以硬筆寫柔情」一說來形容他，他自己也覺得奇妙也。夕光中回首，他高大屹立在寒風中，我倒是想起姜夔的一句詞：「東風歷歷紅樓下，誰識三生杜牧之」！

搖着夜寒的銀河路
你給我一個不懂詩的樣子
挨在馬車邊
使我顛顛倒倒的眼神
突然記起棺裏面
有吻過的唇熨貼的手
和她耳根的天葵花
全放在可觸摸的死亡間
死亡在報紙上進行
昨宵我又見她走過王府井
去讀那些大字報
找着血時便棲了身
很似戰車在人的上面輾過
成為中國的姓氏
為何她還未甦生
很多人這樣問，很多人都沒了消息

馬車在血光中進行
她在我的肩膀靠着
並想着外邊的石板路
會有一地梧桐樹影
深吻了月光
月光在城外的手圍穿出
突破惹人眼淚的表象

七星燈

便在雲層隱沒
不再重看
只有那匹馬，不懂倉促
發足前奔……

在馬車的前奔中
「如果這是別，」她說
「那就是別了。北京。」
是她倉卒收起桃花扇
看我南來最後一屆的學生

桃紅不會開給明日的北大
鮮血已濕了林花
今宵是個沒有月光的晚上
在你不懂詩的樣子下
馬兒特別怕蹄聲
那麼在我身旁請你坐穩一點點
車過銀河路
鞭着

七星燈

一九六八・四・廿七

點評

蔡炎培詩風狂放、不避俚俗，但歷史與家國之情無時不在，總能帶出一份異樣的沉重。這首書寫文革的〈七星燈〉，把對國家命運的關注投射到一個虛構的北京女大學生身上，深情萬分，以硬筆寫柔情：「桃紅不會開給明日的北大／鮮血已濕了林花／今宵是個沒有月光的晚上／在你不懂詩的樣子下／馬兒特別怕蹄聲」以柔筆寫硬情：「突然記起棺裏面／有吻過的唇熨貼的手／和她耳根的天葵花／全放在可觸摸的死亡間／死亡在報紙上進行」相雜、舉重若輕。個人命運成為時代精神的凝聚，一首詩便凝煉了一段最波瀾起伏的時空。

02

文學通靈者的半生緣

訪・小思

我們都叫她老師，小思老師，無論是否曾經上過她的課，無論是文學界、學術界還是普通的讀者。許多年前，她編輯整理的豐子愷漫畫是我們小時候的枕邊書，長大以後我們跟着她的《香港文學散步》按圖索驥，在我們以為已經熟悉的香港重走一遍，看看另一些更明慧的、現在業已成為幽靈的眼睛是怎樣看這城市的。沒錯，我前幾年就是這樣拿着一本小思老師的文學地圖，想像自己與這些大半個世紀之前的作家幽靈把臂同遊，她們是蕭紅、張愛玲、戴望舒……我們走過樂道、淺水灣、域多利監獄、薄扶林的林泉居，最後我寫了一本《和幽靈一起的香港漫遊》，這本書，理應題獻給小思老師的。她是通靈人，讓我們與那些優秀的死者成為遊伴。

這幾年常常在京劇的看台前、書展的講座中碰見小思老師，但直到這個春節剛過的一個晴朗早晨，我才得以和她相約在她居住的天后見面聊天。「你出了地鐵站，抬頭就能看見我啦。」果然，一間樓上咖啡的大玻璃窗中滿臉笑意的她在向我揮手，白髮在冬日陽光中特別醒目。甫坐下，她就向我問起戴望舒的故居林泉居的情況，因為她在電視上看到我最近去拜訪林泉居，那裏已經成為建築工地，我倆說起都不禁唏噓，「可能再去，連林泉居那個牌子都不會留下來了……」

戴望舒最後的那個香港，三年零八個月的淪陷香港，也是生於一九三九年的小思最早記憶中的香港。「我是土生土長香港人。我對香港淪陷有很多記憶，因為小時候的腦子本來是空白的，而最初的記憶就猶如印製下去一般深，沒有娛樂，沒有閱讀，所以三年零八個月的悲慘生涯歷歷在目。」

小思小時候住在灣仔，那時灣仔是個很特別的地方，向西是海軍基地，而灣仔的心臟地帶是日本人的娛樂區，所以盟軍飛機來轟炸的時候這裏首當其衝。「一九四五年大炸灣仔是很著名的，他的目標是海軍基地和娛樂區，但是正如我們當時說的：那飛機只要錯一粒米的位置，炸彈就炸到平民區上面了。但當時報紙都不會因此埋怨盟軍，都是這麼想：就是要這樣對付日本人。」看來「歡迎盟軍的飛機」不止是戴望舒作為詩人的叫喊。

「大炸灣仔那天我差點死了，那天家裏沒人，我和姐姐就出街逛，還沒走到銅鑼灣，就炸得很厲害了。小時候即使沒有空襲警報，我也能聽出 B29 轟炸機的聲音。」小思現在仍然能想起 B29 那非常沉重的聲音，彷彿與她寂靜的讀書生活為鄰。「當時並不知道這些飛機是來幹什麼的，只知道聽到這聲音就要躲起來。這是大歷史不記載的民間生活，比如說每天配給的三兩六米，家裏人要去謀生，只能由我一個小孩去排隊領取，還要在米裏把沙挑出來。」

讀書是日本投降後的事了，當時香港教育復原得不好，大部分要靠私立學校來收容像小思這些戰時未能入學的「超齡」學生。「我一九四九年入學，老師大部分是中國大陸來的，校長是香港人，但我入學的時候校長的兒子剛剛從北京大學畢業，帶來了很多他的同學和朋友來當老師。老校長教我們古代的經典，但他的兒子和同學來後，我一、二年級就要手抄蕭紅的〈火燒雲〉。」難怪蕭紅後來成為小思的研究對象和私淑深愛。

那個年代是飄搖的，又着力於平凡中掩飾自己，因此很多細節日後才成為悲傷或恐懼的證據。小思的回憶就像侯孝賢的《悲情城市》，但記憶者更像《城南舊事》裏的英子。「這件事我沒有跟人説過，我記得有一個很年輕的老師，他是第一個幫助我們成立小圖書室的老師。因為我們沒有圖書館，我們就每人捐一本書大家互借，但我們小孩不懂買書，這位老師就帶我們去書局買，我還記得我的第一本書是《伊索寓言》。但後來這位老師突然消失了！有人説是被政府遞解出境，在一九四幾年到五十年代初期，很多政治部遞解出境的案例，我記得他在我面前講過很多愛國的故事，我不覺得他是共產黨，只是覺得他愛國。」

對文學產生興趣，自閱讀始，現在的香港怎麼能想像二年級就要用毛筆抄蕭紅和巴金的文章呢？但五十年代小思的學校就有這樣的驚喜。「每個禮拜的作文我現在還留着。那時候沒有任何的教育策略和制度，但我們卻收穫很豐足。」現在的小思也以藏書和愛逛書店著名，小時候書店就已經是她的第二個學校。「那時我常去的是菲林明道一家很有名的東方書局，我的第一本書就在東方書局買的，但這家書店很討厭讀者打書釘，我直到小學六年級還去光顧那書店，很多時候都是去看書，我們的策略就是每天只去看三、四頁，老闆也許識穿了但也不管。」

小思最早喜歡的作家是冰心，因為小朋友覺得她很柔和，但接下來很奇怪，她竟然喜歡了蘇曼殊。「因為家裏有一本他的詩集，我媽媽是很古典的，我沒上學就被她要求背熟了唐詩三百首，小時候已經能把水滸一百零八條好漢的外號和兵器都背下來，就是看了媽媽的一本繡像水滸傳。媽媽還喜歡給我講世界史，所以我第一個知道的外國人是甘地。喜歡得最久的是豐子愷，從小學開始讀他，後來編他的書、研究他，他對天地和人的關愛我至今仍奉行。」

但稍懂人事後，年輕氣盛的小思開始「很恨香港」，因為那時的港英政府好像給你不少自由，但各種貪污橫行，社會灰暗，所以她們這一輩對香港毫無好感。「中學就讀金文泰中學，開會前要唱英國國歌，我們都改了，把 God Save the Queen 改成了『個個背着個煲』。」但為什麼慢慢變成現在的小思，字裏行間對香港極有好感？「那是從八十年代開始，香港的命運提上了談判桌後，很多香港人移民。我開始反思如果香港和中國大陸的未來真的那麼不好，那怎麼辦呢？走能解決問題嗎？」

小思是少數在回歸之後沒有身份證明的人，她沒有拿英國護照也沒有 B.N.O.，那時也還沒有特區護照，所以有一段時間她哪裏都不能去，「當我去領取特區護照的時候我哭得很厲害，入境處官員不知道我哭什麼，我拿着護照拍了一張照片，告訴我自己：我終於成為中國人了。」她想起一九七三年離開香港去京都，日本同學很好奇地問她香港如何如何，「我卻啞口結舌，完全不知道怎樣回答，我沒有歷史感，不關心香港的。他們卻覺得我應該要回答，我開始反思為什麼我不知怎樣回答。」而且那時日本開始研究中國的熱潮，也順帶研究香港，小思在書店裏竟然見到有專著研究黃大仙籤文的！「我很奇怪這不是我們不屑的嗎？」

「後來回到香港，因為做研究讀了大量的香港報刊……我開始反省我為什麼不離開香港，這裏有什麼吸引我呢？我是這裏土生土長，也算是這裏一方水土養育我的，為什麼老師能教給我那麼多中國的事物——原來香港的優點就在於能夠讓這些老師生存下來，它沒有干預這些老師向我灌輸這些知識。」

說到老師，小思在名作《承教小記》之外，還有很多故事要說。這天她特意給我講了兩個關於男人的淚水的故事——實際上是關於家國的故事，對家國的觀念怎樣進入她內心的故事。

第一個故事和她畢生難忘的唐君毅老師有關，「進入新亞，是因為初中時讀了唐君毅先生的書，慕名而來的。一九六〇年九月開學，十月有一股暗湧在新亞：雙十節不能掛國旗！我的師兄們很憤怒。這就是懸旗事件，因為一九五九年開始香港政府就有計劃組成中文大學，資助新亞，條件是不得有政治色彩，但新亞那些從大陸來的師生很愛國，每年雙十節都要掛青天白日旗的。現在看回唐先生的日記才知道當時政府向他施壓不讓掛旗，當時並沒有學生運動反抗，但雙十節當晚唐君毅先生演講，我去聽，那是我第一次看見男人哭——學生們哭，唐先生向他們解釋的時候自己也哭了。對我這個香港殖民地長大的人來說，掛不掛旗有什麼重要呢？但我沒有問為什麼，只知道問題很嚴重。」

第二個故事，卻是一個來自美國的青年教師和一個來自祖國的逃亡青年所交織出來的。一九六二年，新亞有了許多新教師，小思所讀的大一英文是一個來自耶魯的畢業生任教的。「那年出現了大逃亡潮，很多大陸難民湧來香港，本來是和我們中文系無關的，只是聽說崇基的地理系學生去救了很多難民。我們的外籍英文老師說不如我們也去吧，去給難民們帶些食物和藥物。我很記得那年那月那日，那是五月二十日，老師帶我們去新界，我為什麼這麼清楚記得——那時氣氛已經很緊張，抵壘政策已經取消，政府對難民採取即捕即解的政策。我們在山頭走了很久，怎麼都不見人呢？本來漫山遍野都是人的，後來才想起是否因為有外國人在難民不敢出來？最後推舉懂國語的我向前行，我一邊向前走一邊喊：同胞，有沒有人啊？我們是帶東西來給你的——草叢裏突然鑽出一個人來！嚇死我了，他的樣子我已經不記得，就記得這個小伙子他把一雙爛球鞋掛在脖子上，他問我今天是什麼日子？我說五月二十日，他馬上哭了，哭得很厲害，說原來我已經離開鄉下這麼久了，我還告訴我媽媽一到香港就寫信告訴她安全——這就是為什麼我那麼清楚地記得那天的原因了。」

「——這兩件事令我反省，國家是什麼回事呢。」小思長吁一口氣。但真正知道了自己的方向、如何做，那還是要等她也成為異鄉人的時候。大學畢業後，她也成為教師，但七十年代的中學尤其保守，小思任教的中三班上有一對學生戀愛了。小思沒有責罰他們，反而是親自會見雙方家長，和他們商討解決的方法，最後玉成那對學生在中五畢業後結婚。

但這件事帶來的種種困擾令小思反省教育和自己的前路。「我一向沒有關心教育制度會怎樣影響教學，因為我覺得我入了課室，有好大自由度可以用我的能力去幫助或影響學生。所以當年我的失望是對自己過分自信、以為自己可以幫助所有人而失望。」

「可能那時你就是認為老師是要傳道授業那種，但其實周圍已經變了。」我說，「是啊，周圍變了，但你自己還拉着一條繩在那裏。後邊拉着的那堆力量太大，你完全忽視他們的存在怎能行呢？」

選擇去日本都是唐君毅先生的建議。「因為我好少錢，又沒準備去讀什麼學位，我英文又不行，只能去一個漢字比較多的地方，而且我好幾個師兄是京都大學讀文化的，他們說那裏保存着很多中國的東西，那裏的圖書館不得了啊！」唐先生那時剛好在京都大學醫學院治療眼睛，他就建議小思去京都追隨他在京都大學研究唐代文學的老友平岡武夫先生。「我知道京都大學的圖書館裏藏書最多的就是唐宋以來的隨筆。我想不如有機會去看看隨筆，看看隨筆裏有什麼唐代的生活細節，因為我又看了清明上河圖，我就覺得應了解當時社會的生活狀態再去找回唐詩。」

真正的轉折點出自意外，現在看來是小思老師因禍得福，也是現代文學的意外收穫。因為小思是中文教師，沒有任何理由去日本讀書，所以日本領事館竟然查了她半年才批入境證給她。「結果我就遲了半年，我老師又提早了半年退休，他說不教得你了，你就自己看書吧，我說那我自己看什麼？我最初就去看唐隨筆，看了一個月，他說吉川幸次郎先生要辦一個亞洲現代文學研討會，你是唯一一個中國人，你代表中國去講吧。」

這是小思研究現代文學的正式開端。「我從來不知什麼叫研討會，什麼叫學術會議，什麼叫論文。幸好離開香港前一兩年就正在讀豐子愷，找了好多材料，吉川幸次郎是當時將豐子愷譯作日文的人，於是就迫於無奈將豐子愷作為我的學術論文發表了。但我就要馬上去找豐子愷的東西，去圖書館找豐子愷那時也就是三十年代的雜誌，這也是改變我命運的，之前我都是搞古典，從來不搞現代的，但因為那樣就開始去看我這一世都沒看過的雜誌。」

所以小思搞現代文學研究與當時其他人不同，其他人是一開始看文學史，她是看雜誌開始。「咦？為何這本雜誌這篇文章在罵那個人？罵些什麼？於是搞完那篇論文，我用全部精力把同一年的所有左中右派的雜誌都看遍。」學校沒有人管她，她就正好安心在一年裏把由二十年代尾到四十年代的雜誌，全看完了，且全做了筆記。

為了省錢餐餐吃水煮白菜，天天跑舊書店、圖書館影印資料，那是多麼枯燥的學術生活。但因為小思喜歡川端康成，就發明了一種特別的「旅遊」方法——「我想到跟着川端康成《古都》的女主角的行蹤，一年四季有那些節日在何處發生，我就全部都去了。日本的四季分明，和京都的唐風，令我在文學上的感受強烈了很多。」——這不也啟示了她日後在香港推廣的文學散步嗎？我們都沒想到，原來要感謝的人，還有川端康成。

離開咖啡室，我拉着小思老師拍照，尋找背景的時候，她也帶我進行了一小段文學散步，天后的石頭階梯是二十年代的，手指往上一指，是藤蔓滿佈的「東方台」——「這是羅孚原來住的地方，幾十年前經常碰見他的。」小思老師笑笑，這裏的故事，我下次要找羅孚老先生問問了。

冬之小令．慢調子

好慢調子的冬季。天空，有時真像堵失修脫漆的灰牆。只有重見陽光的時候，才知道，灰色會叫人那麼不開心。

有陽光的下午，碼頭前，七張灰綠色長木椅上，顯得特別熱鬧——那是一種特別的熱鬧，不是尖沙咀碼頭前、幾枝旗桿下的那一種。不眩目，不喧騰，如果要打譬喻，該說是一組生命的慢鏡頭。當然了，老人頭上縱有絲絲白髮，也不會眩目；縱有許多往事，也不再喧騰。除了兩個在打盹的老人家，有些緩慢而具節奏搖動外，其他都坐得那麼定，那麼挺直。他們在談話，聽的很留心，講的很認真，但從他們多皺的面上，看不出話題是悲是喜，大概歲月會教人的感情失去光澤。又或許，他們談的正是非悲非喜，也無風雨也無晴。由絢麗歸於平淡，歷程中，一定得忍受「脫漆」的不慣。

他們仍坐在那兒談着。陽光漸漸褪去，一個慢調子的冬季黃昏，已經來臨。

點評

小思早年《日影行》裏的散文小品，寫她在日本的所見所聞，凝聚如日本俳句，在短暫時光中抓取無盡意思。這篇寫冬日裏的老人家，細緻的觀察和描繪，不經意地把「冬天」與「老人」應該有的品格融匯一篇，且深入他人內心，移情其中想像其隱忍，亦是作者深情之所在。

03

發明另一個地球

訪・西西

讀西西的書十多年了，沒想到今年才第一次見到西西，更沒想到是在尖沙咀海邊一個搖滾音樂會上見到她。初秋的海風稍為有點蕭瑟，西西坐在我前面，隨着樂聲輕輕點頭。台上是台灣的樂手巴奈，她在唱原住民反對國光石化的抗議歌曲，說是抗議歌曲，卻優美溫柔得很。這種溫柔，也是我十多年前剛剛讀西西的《我城》和詩集《石磬》所感受到的，十年後也有我城的青年在抗爭中援引《我城》作為戰鬥的依傍，十年後我重讀《我城》就是與他們一起重新反思建構香港——香港，是經由西西和她一代的理想主義者命名為「我城」的，而他們的後後一代的年輕行動者，以自己的態度和行為確證了這一命名，現在，我城早已不止是一本小說的名字，而是一種信念，由新的阿果和麥快樂演繹着，甚至感染了內地和台灣的年輕人——這是我在二〇一〇年的讀後感。

但這樣想西西，未免太沉重，西西更喜歡卡爾維諾的「輕逸」與「迅捷」，正如她自己的詩，她不是沉重的大提琴而只是一枚石磬：「只有磬／你聽／你甚至可以看到／它即興時候／樸素的文舞／這天地的風鈴／長歌它自己／朗朗鬱穆的南音／湮遠而又古老／通過戰國的隧道／仍然那麼／年輕」，她的文字永遠年輕，但又有她自己的重量：她曾經把自己比喻為一頭袋鼠，無論走到什麼地方，無論睡着醒着，袋裏總纍纍地滿載許多東西，而不像蝴蝶的輕，因為蝴蝶沒有心。蝴蝶可以飛，但袋鼠可以跳。跳，正是西西的節奏。

西西是生於上海的廣東人，《飛毯》的前半部其實寫的就是上海的童年，不過很多人以為寫的是香港，那不是虛構而是她的真實故事。「媽媽家裏開汽水鋪，爸爸真的是消防員——不是專業的而是義工，廣東人都住在虹口，火災的話很難期待政府的消防，廣東人就組織自救，火災的時候就敲起鑼和鐘，大家去救火。他們被稱為斧頭黨，用斧頭劈開門窗救人，人人一把斧頭，就擺在家。」

西西很小就上小學，自云記憶從三年級開始，之前的已經不記得，記得的和書有關，「那時有一個大商場，其中有賣書的店鋪，可以去打書釘，記得最早買的書就是《白雪公主》，還有三毛等漫畫。小學在上海，還有一個兒童圖書館，每個小朋友都能去看，有很多童話，但我只記得白雪公主。兒童節它不借書，打開門，進去就送一份禮物，有鉛筆、有包書紙，包書紙是我最喜歡的，上面印着小鹿斑比。」

戰爭時代的上海給西西留下的印象，只有《候鳥》中特別寫到解放軍進入上海的事情，她從窗子眺望這一切。「最記得的是當時媽媽生下一個女兒，爸爸就叫我去通知我的叔叔，我一直走一直走，碰見叔叔，叔叔問我什麼事，我說：爸爸讓我告訴你家裏多了一塊瓦片！」其實西西爸爸的意思是「弄瓦」。

西西全家遷港，原來並非因為戰爭。她的爸爸在太古工作，負責在碼頭管理搬運工人的賬務，結果解放前後因為打仗沒有船來上海，工人們因此沒有工開沒法生活，「他們發起工潮要求太古發工資，但工運無法觸及高層，像我爸爸這種中低層管理人員卻首當其衝被工人追打，爸爸覺得很危險、也沒辦法解決問題，只好離開上海投靠嫁來香港的兩個姑姑。」

西西來香港的時候只背了一個書包，大人說要背上自己最重要的東西，她背的一包全部是越劇的「戲橋」（戲劇的場刊），沒有其他書。「當時媽媽她們有一個太太團，一起去看越劇，我也跟着去看，我很喜歡這些明星，原來在上海就聽收音機聽越劇，我拿着歌本跟着唱。」她當時最喜歡徐玉蘭、王文娟，來到香港之後西西就給徐玉蘭寫信，卻引出另一個故事，「我寫信到劇社給徐玉蘭：我來到香港了，很想念你，你能否給我一張照片呢？結果收到回信，不是徐玉蘭寫的，是他們劇團的一位負責人，我還記得他的名字叫王虎成，他給我寄了兩張照片！是徐玉蘭和王文娟穿解放裝的生活照，非常罕有。同時他還附了一封信，託我轉寄到台灣，從此我就充當了中間人，為他和台灣的親人傳遞了許多次信件，所以我至今記得他的名字。」詩人往往有做郵差的潛質。

初中時代西西最喜歡看一本《人人文學》，裏面有力匡的詩、齊桓的小說，他們還歡迎讀者上來編輯部玩，「力匡和齊桓常常在那裏，像大哥哥一樣和我聊天。所以，我的處女作就是在《人人文學》發表，這首詩真是作出來的，從力匡的詩左學一句右學一句拼貼而成，是十四行詩，全部押韻，名叫〈湖上〉，寫什麼划艇啊、陽光啊、故鄉啊之類，連想像都說不上，只有押韻。」

以詩開始的西西，還在《盤古》創刊號接受過關於詩的專訪。但她現在已經沒有寫詩，反而其他文體可以繼續，「詩很難寫，而且是一陣陣的，寫開了可以連續幾個星期地寫，一停可能就停幾年不寫。」可能她把詩都用在小說隨筆裏了。「現在覺得很多詩都看不懂，早期詩也有點實驗，自己也不知道為何。當時編《中國學生周報》『詩之頁』就是這樣，覺得看不懂投稿來的詩就索性不編了。」

「我們大家都在《星島日報》『學生園地』投稿，當時沒有電視也沒有遊戲，大家以投稿為樂，版面上整天見到的都是那些名字。」那豈不就像現在上 facebook 一樣？「崑南、王無邪、葉維廉等都是這裏認識的。這些人中王無邪對我啟迪最大，他是我交筆友交到的，另外《星島》『學生園地』常常辦旅行，在旅行中認識了崑南。我和無邪通信一年討論文學，卻從未見面，他號稱要創辦新的詩派『蜻蜓體』——寫幾行又隔一行，好像蜻蜓點水一樣。」

《交河》是西西的第一本小說集，素葉出版社當時尚未有，「素葉其實是『數頁』的意思，當時香港沒有肯出版香港作者作品的出版社，只好自己來。」八十年代中西西從任教的小學提早退休，專職寫作，拿一千多元退休金拿到九十年代才調整。七十年代時她就參與過爭取教師權益的運動，爭取的是男女教師同工同酬，「這是我參加的唯一一場社會運動。」西西補充說：「政治不要管文學，文學可以管政治。」

對於她最著名的作品《我城》現在獲得的諸多附加意義，她說：「寫《我城》我只是寫當時人的一種生活，阿果其實是我的弟弟，寫他畢業、找工作、在電話公司修理電話，這些都是現實一樣的，很多人物都是他的朋友，旅行也是我參與過的旅行。完全是寫實的，比如當時我住的土瓜灣火車站旁邊有個永別亭，火車都停在那裏，火車是運屍體的，但不遠處是一個鐵路小學，兩個車廂改裝成課堂，與死亡相鄰。凡是寫着『有』字的車廂，裏面就是有屍體的。」現實就是這麼魔幻。

西西早期的實驗詩歌很有電影感，和她愛看前衛電影有關。「那時有一個『大影會』（大學生活電影會），我作了會員整天去看電影，是洋人開的只放歐洲和日本的小眾文藝電影。」她第一次寫劇本是改編了《瑪利亞》去參加一個叫「十八般武藝」的文藝比賽，除了寫作的，還有武術的、跳舞的參加，最終當然沒有獲獎。「我把劇本取回來，陸離知道就拿去看，結果她給了鄒文懷——從此不知所終。」西西也有十八般武藝，比如她竟然寫過明星稿，「朱郁華編《香港映畫》，找了陸離、亦舒和我寫稿，亦舒還造衫賣給明星穿，agogo 衫。因為我寫娛樂稿，當時的明星凌波、何莉莉都成了很熟的朋友。」

西西還「拍」過一部實驗電影，其實根本不是拍的，「我是把別人不要的片頭撿來拼貼而成的，因為我哥哥在『麗的呼聲』新聞部工作，不要的新聞片扔得遍地都是，他就撿回來給我玩。什麼明星、教皇都被我拼在一起，現在收藏在電影博物館裏，這部片叫做《銀河系》，因為裏面太多明星了。」之所以這樣「拍電影」，還有一個原因是小個子的西西扛不動攝影機，只能操作剪接機。

寫小說才是她半生最重視的行當。「我寫小說一般都會寫兩種，一種是很寫實的，如《白髮阿娥》系列那種；另一種是我要創造的、與別人完全不同的。因為我只寫後者，會有人說我不會寫小說，所以我寫一些前者來證明我會寫傳統意義的小說。一般我並不喜歡寫寫實的小說，覺得太悶了、太容易寫。我一定要想一個新的寫法才能開始我新的小說。這也是鍛煉我自己的寫作技巧。寫小說和畫畫一樣，關鍵不在寫什麼，而在寫的方法。」

「我的理想讀者是，他要看過很多好小說，假如我那麼下功夫看這麼多小說自己再用心機寫出來，你要看我的小說也要勤奮一點，懶惰是不知道我的好處的。你隨便翻翻當故事看，但一本小說哪裏好呢？你就看不出來。你看那麼多垃圾小說是沒有用的。我對讀者要求很高，如果你什麼都不懂你就看《白髮阿娥》吧。」不同的讀者看西西各有所得也各有所失——這是她的最理想讀者何福仁先生在旁邊補充的。

現在大家的焦點集中在西西的「手藝」如玩具屋、縫公仔上，其實我好奇這種手藝對她原本的手藝——寫作有什麼影響。「縫熊縫猴令我懶於寫小說（笑），因為我的興趣去了前者，這種滿足感可以取代我寫作的滿足。公仔不只是公仔，我每做一個動物就要知道它所有的特性、知識，比如靈長目，牠的生活圈與我自己有什麼關聯，我從中可以認識整個生物的進化，人與動物相處之道。」何福仁插話：創作可以用文字，也可以用布疋。西西說：「我寫小說會集中只寫一點，但做公仔會帶我去很多地方去看很多東西，因為我要看很多東西讀很多書才熟悉它。我每做一件事我都會思考這件事是否能讓我學到更多的東西。」

這時西西透露了一個正在進行的神秘計劃，「我現在做的另一個系列——我不能說是什麼，是熊、猿猴之後的縫製第三部曲，我也要讀很多書。」這就像她喜歡的阿根廷作家波赫士的百科全書癖，「總之找出一個新題目，就有無限廣闊的新天地在你面前打開，這是很開心的。」西西的暗示令人對這未來的造物充滿好奇。

《我城》的結尾，阿果接通了未來的電話，問了一句：世界會更好嗎？我最後也問西西這句話，問她我城到底有沒有變好。西西沒有正面回答，卻講了另一個近乎科幻的故事：「最近看到新聞，在我們的宇宙發現另一個地球，真是開心——《我城》最後不也想像有這麼一個星球我們可以去嗎？雖說六百光年外，但到時我們就有新的辦法前往，未來世界的人不像我們現在這樣了，可能只要送一個腦子、靈魂前往就可以，不需要這個臭皮囊。它令我覺得人類還有希望，這個地球已經無可救藥了。」我想告訴她，即使沒有美國太空總署，她的寫作，已經發明了另一個地球，可以讓憤怒的靈魂安靜地棲居。

重陽

抽一枝煙吧，父親
讓我為你
點火。讓我為你
拂去身上的灰塵
頭上這株扁柏
比清明時節
好像又粗獷了些
清風掠過
仍灑你遍體落英哩
你在這裏，別來
無恙嗎。帶來的白菊
還喜歡嗎

母親身子衰弱
依舊不能來看你
家中各人，均安好
請勿掛念
我，也好
我有一羣
美麗的朋友
我們總是在一起
做些
看來徒勞，或者仍有意義
卑微的工作
今天是重陽
也是一位朋友的
生辰，晚上
我們將會
重聚首，共把酒。

人們說
向你鞠躬的時候
有什麼心裏話
可以對你細說
有什麼心願
可以向你祈求
我該向你
祈求什麼呢？
如果天下，有
不散的筵席
請賜我們
不散的筵席
但願
人長久

抽一枝煙吧，父親
你真的不用為我
擔憂
我活得很好
而且
快樂
喜歡喝薄荷酒
朋友為我
去買薄荷酒
喜歡看書
朋友為我找來
我想看的書
我怕冷
朋友給我穿風衣
你看，父親
我美麗的朋友
他們都像你
待我好

點評

西西的早期詩歌，如其小説，純用口語徐徐道來，如至親促膝談心，也符合祭祀父親，給父親寫信的語調。而在親情交流中，帶出的是對一代青年文化的認同，這也是《我城》所寫的，富有明朗、豁達的時代精神。

04

誕生於火，遊藝於水

訪 · 古蒼梧

最初知道古蒼梧先生，只道他是個詩人——那是十多年前，我在大陸買到他的一本詩集，成為他隱秘的讀者，那時我讀過的香港詩歌只有他和也斯先生。後來來到香港才陸續讀到古先生的散文、評論甚至崑曲劇本……方知道那是一個如斯多藝懷身的神秘人。直到如今認識了他，他說他已經很少寫詩了，但我卻在交談和觀察中認定了我最初的定義：他到底是個詩人。

見山是山、見水是水不是那麼簡單，古蒼梧自己也經歷了數十年的追問和求索才到達今天的澄明。即使不問他，看他的作品也知道他曾有過激盪的歲月，比如在他最著名的一首詩〈銅蓮賦〉的結尾，他這樣寫文樓雕塑的一朵銅蓮——其實是寫他們那一代人：「在我們的時代裏／你也一樣／不誕生於水／誕生於火」，那「不妖」、「不染」、「傳送着／古遠的芳香」的風骨行狀更像是他的自況，也許是他從青年便對自己的期許。這誕生於火的激情，最遠的呼應是他的散文名篇〈備忘錄〉，是一段懺情書，也是香港的悲情歲月，恍兮惚兮，糾纏不清。

但打開鐵門引我進來的古蒼梧卻是一個溫柔的長輩，又帶點頑皮——就像他在系列散文〈祖父的大宅〉裏寫的遊戲者外祖父一樣。〈祖父的大宅〉是我極喜愛的回憶文字，淅淅瀝瀝的絮語就像古蒼梧翻譯過的普魯斯特（Marcel Proust, 1871-1922）《追憶似水年華》。我還沒有問到，他就說起了童年往事，往事於他，像眠於身側，他也驚訝自己的記憶力之好。

最遙遠的記憶，往往混同於想像，而帶有魔幻色彩。比如這麼一個細節：炭火，古蒼梧一九四九年從粵西高州走難到香港，他只有四歲，印象最深的是他乘坐的汽車，竟然是用木炭做燃料的，燒炭的爐子就在司機旁邊，小古也坐在司機旁邊，被爐火轉移了對「走難」一事的注意力——現在想來，簡直和《讓子彈飛》裏馬拉的列車一樣神奇。

古蒼梧出身於國民黨桂系軍官家庭，走難來港，生活變化懸殊，從神話一樣的祖父的大宅、外祖母的花園到在香港李鄭屋村的菜地上一間僭建屋擠下數房人，用古的話說就是「從上層社會到貧苦大眾生活，來往的又都是曾經的達官貴人」，亦是另一種魔幻。唯一能夠保障延續的，竟然是精神生活——如聽戲。

現在大家都知道，古蒼梧是崑曲專家，甚至是崑曲改編和創作者，但他最早卻是粵曲戲迷。「可能我在媽媽的肚子裏已經喜歡聽粵曲」，媽媽是那時代的新女性，年紀小小就跟姑姐到廣州讀書；爸爸則在上海大夏大學讀書，訂親後爸爸在週末從上海坐船去廣州見媽媽，後來就在廣州結婚並生活了很久。當時在廣州粵劇是最時髦的藝術，像馬師曾、薛覺先都有學習西方先進戲劇概念，並融入粵劇之中。爸媽兩人的共同愛好就是粵曲，但是取向不同，「爸爸捧譚蘭馨，常在大新公司的天台聽她唱戲，媽媽現在提起譚蘭馨還會吃醋」。媽媽卻喜歡聽清唱（平喉），「那時有所謂四大天王——小明星、張惠芳、張月兒及徐柳仙，他們會在茶樓裏唱而不是粉墨登場，百代公司還為他們灌唱片，後來媽媽回家鄉的時候就帶着徐柳仙的唱片」——徐柳仙就成為了古蒼梧最初的偶像，據說小時候愛哭的他，一聽徐柳仙的唱片就不哭了，他甚至自小就會唱，也許因為那就是他的胎教音樂。

「再折長亭柳、熱血忠魂、一代藝人、夢覺紅樓……」說起徐柳仙的名曲他如數家珍，戰後徐柳仙在陸羽茶室唱曲、八十年代最後一次在荃灣大會堂公開演出，古蒼梧都去捧場。

在香港上學以後，他反而接觸到了更多各地的地方戲，口味益廣。來源是當時內地出產的大量戲曲電影，「當時我們住的李鄭屋村旁邊有兩間戲院，一間仙樂戲院、一間新舞台，不演粵劇的時候他們就會放電影」，「越劇和黃梅調這兩種雖然不是廣東的戲曲，但因為上口容易而為當時的香港人接受。」還小的古蒼梧隨着各個姑媽、姐姐混進電影院聽免費戲，讀書之後不能看免費戲，就自己存錢買票看——「為了省錢每天走路上學，一星期能省下七毛錢車費，去看一場五點半的工餘場。」當時也看了大量京劇比如程硯秋的《荒山淚》，但他記憶最深刻的戲曲電影是《梁山伯與祝英台》，因為是彩色的，而且他還看了不止兩三次。

精誠所至，對戲曲的嗜好給他帶來的收穫是對文字的敏感，從古蒼梧那些文筆精緻的詩歌和小品文都可以見得。古蒼梧從小就有語言天賦，恰巧又能遇到天南地北的人，小時候家旁邊教會是河南人傳道，說的是河南口音，聽着聽着就聽懂了。大學的歷史老師李定一講的是四川國語，另一個老師講的是揚州國語，錢穆先生講的是無錫話……因此古蒼梧得以在各種語音之中浸淫。

喜歡文字，創作就理所當然。古蒼梧的第一首詩是中學的遊戲之作，內容他早就忘了，但該詩的發表卻成為一件逸事：他投稿給《中國學生周報》，當時的編輯是奇人蔡炎培，蔡詩人大筆一揮修改不少然後才發佈，後者如今尚津津樂道「改古蒼梧的詩他表示感激，改李天命的詩收到反駁」。雖然只寫了這一首一直到大學畢業後才繼續寫詩，但對詩的愛好從此奠下。他最難忘的啟蒙老師是高中代課老師韋陀（南來文人），後者創辦的《華僑文藝》在當時香港是一奇葩，有港台首屈一指的作者，韋陀把這本雜誌以及當時詩人覃子豪所著《詩的解剖》和《論現代詩》借給學生古蒼梧，讓他大開眼界。

正式與新詩發生嚴肅的關係，還要到讀研究院時隨黃繼持老師編《中國新詩選》，使他縱觀這個新詩歷史，也喜歡上了卞之琳和辛笛。其後，「戴天在創建書院辦詩作坊，看見我參與編輯的《中國新詩選》覺得我對現代詩有獨特認識，於是邀請我去詩作坊給學生講詩」，一群愛詩的學員充滿熱情，常嚷着要看老師的詩，古蒼梧因此重燃寫作的慾望，開始認真創作現代詩，戴天也成為了他最投契的文學同道。

火的時代亦從那時開始，除了讀書時受老師姚克影響關注那些與時代脈搏緊貼的戲劇，古蒼梧開始給《中國學生周報》寫大量的劇評，「現在回想起來，評論倒是我一輩子沒有停止過的創作。」詩歌也不甘落後，七十年代初到八十年代初是古蒼梧詩創作的高潮，後來漸漸淡薄，他的解釋是「創作應該發自內心，詩歌應該要有一個大的觸動才去寫」，那麼是否隨着年齡漸長觸動變少了？其實不然，只是詩人下筆變得更加慎重。「詩歌篇幅珍貴，地位也高，政治哲學重視詩教，期許太高反而不敢輕易動筆。」

寫作詩歌這一行為的意義，是否也隨年齡轉變？「觸動我的東西是不變的，但詩人必須知道自己的性情不要勉強為詩。」他回憶起自己的左傾時期所作的詩，那些詩寫工人、寫低下階層，在當時是非常驚世駭俗的，「那時我會為運動、為意識形態去寫一些長詩，但現在回想，我當時並沒有足夠的能力和生命動力去寫好這些詩，這種反省也讓我如今執筆猶豫。我的性格並不是這樣的，這種詩還是毛澤東寫比較好（笑）」。但即使那些左傾的詩歌也都奠基於真情實感，他回憶起七十年代的兩次北上壯遊，白山黑水馬不停蹄的跋涉，去到撫順、鞍山的鐵礦深為震撼，就在歸程的火車上就寫了關於鞍鋼工人的詩。

如今古蒼梧還有寫詩，但可能會花幾個月甚至幾年時間去寫一首詩，「有一首詩〈汝窰枕〉，寫了十多年，至今還在修改中，靈感來自很久之前一次參觀南越王墓博物館，這個汝窰枕出現在我眼前就像一朵雲向我飄來，從此縈繞腦海一直想把它寫好。」

回顧創作歷程，古蒼梧拈出兩個詞：「頹廢與革命」，兩者並不矛盾，「頹廢是崩壞中存在的文學，革命是直接在破壞中尋求建立，但文學中有時則相反，革命光破壞了，頹廢反而建立出真正的文學藝術。」獨立於其間的詩人，要做到的是不為藝術潮流而寫作，「寫作應該是作家對生命體驗的深度和廣度的表現。」

後來古蒼梧說他會用寫律詩的要求、或者小說的方式來寫他的專欄，應屬有意識的鍛煉一種文體。在一般讀者的認知中他並非前衛，但看他對散文、戲劇的思考和嘗試都很有實驗成分在其中。前文提及的〈祖父的大宅〉和〈備忘錄〉都有此抱負和成就。詩歌、散文、戲曲、評論、編書……他涉獵之廣令人歎為觀止，雖然古蒼梧自謙為淺嘗輒止，我卻覺得，那是古代君子那種「遊於藝」的灑脫態度所致，遊藝於水，不為什麼長留，但又會即興注滿一處。

讓我最想不到的，倒是古蒼梧自己提到他現在的「秘密寫作」。他的最新關注是國際金融海嘯與環境保護等宏大問題，他寫的一系列「重讀經典的想法」沒有公開發表，只在朋友間流傳，寫及他閱讀湯馬斯．佛里曼（Thomas Friedman, 1953-）的《世界又熱、又平、又擠：世界為何需要一次綠色革命》（*Hot, Flat, and Crowded: Why the World Needs a Green*

Revolution – And How Can Renew Our Global Future）、福山（Francis Fukuyama, 1952-）《歷史之終結與最後一人》（*The End of History and the Last Man*）以及溫格・戴爾（Gwynne Dyer, 1943-）的《氣候戰爭》（*Climate War*）等著作所引起的對世界未來的深思，古蒼梧笑說這其實是中國傳統文人憂患意識的傳承。我卻想起他的火紅時代，七十年代他作為愛荷華寫作計劃參與作家居留美國的時候，曾非常投入參加保釣運動，現在反思似乎不符合古蒼梧的氣質，但卻是他深處抱負所然，「這是一種DNA，無法自制的，雖然我現在年近古稀，理應不再有這樣的激情，但面對這世界仍想探求其真相，仍想就此發言。」古先生笑道。

探訪後一天，古蒼梧先生發來他幾首仍然在修改中的詩篇，有一首〈山月〉，其中有道：

「霓虹的喧囂漸隱
茫茫的山月照臨
誰探得：這沉寂的幽深？
誰看到：那天光與雲影的翻騰？」

我想這又是一番新的景象，可以視為經歷了火與水洗禮的人生的古蒼梧先生對自己最新的期許，寂靜與幽深，變幻與不變。

汝窰枕

是誰
裁下了這一片
雨後天青？
竟蕩漾起
沉埋了千年的
夢

風過處：
鱗鱗的漣漪
泛出你
柔如絲、溫潤如玉的
素顏
和
兩瓣
猶帶桃香的
唇

淡淡的紅影
穿越幾許
風、霜、雨、雪
化為一縷
殘霞
打我窗前飄過
漸漸地
在遠山的夕照中
消溶……

［註］
汝窰在今河南汝縣，是專為宋徽宗製作瓷器的窰子。
南越王墓博物館藏汝窰天青瓷枕一方。

點評

細緻得絲絲入扣的詠物詩，正呼應被詠之物的微妙美感。從夢到女性到晚霞的比喻，天氣的意象貫穿始終，把靜物寫出宛然流動之態，又發想清遠，讓讀者的想像力超越具體的一物，去到隱含故事的異時空。

05

在黑夜裏吹口哨

訪·也斯

說話有時停頓
我與你彼此踏上不同的石塊
落下不同的沙礫地
天氣如此炎熱
我們在水邊停下
看苔蘚在水中開合
——也斯〈浮藻〉

一九九六年，我在大陸，讀到一本奇怪的書《浮藻》，它的封面難看，印着一朵金紫荊，明顯是準備作為香港回歸「獻禮」而出版的，但內容卻比我當時看到的任何一本華語文學都要前衛，這是我讀的第一本香港當代詩人的作品，它的結構、語調和對身份反思的敏感都震撼了我。沒想到日後我能認識它的作者也斯先生，並且與他一起面對這個後九七的香港、後九七的文學。

當然這個香港更屬於他，和他那一代為香港悸動和燃燒過的青年們，如果不是他們當年的種種大膽對陳舊價值的衝擊、種種對新美學建設的實驗，如果不是他們對香港人文化身份的自信，可以說沒有今天的香港——浮藻漸漸聚結、開合，原來也可以生化出繁盛的生態來。

今日閱讀六、七十年代的香港文學作品，依舊驚艷於它們的大膽超越。就看彼時方才二十左右的也斯一人便可知，散文《灰鴿早晨的話》、詩集《雷聲與蟬鳴》、小說《養龍人師門》等等，均可媲美當時華語文學的最強，同時與世界前衛文學銜接，少年心氣之勇之銳，莫過於此。重讀也斯七十年代的小說集《養龍人師門》，依然讓人驚歎且欷歔不已，那一代人的愛與自由，美好而悵惘。這本小說集與也斯妻子吳煦斌的小說集《牛》，是我最喜愛的香港小說，奇幻中有素樸在，入神時能出神。

常常想像，四十年代之後那個百廢待興的香港，是怎樣展露在這一群未來的少年的眼中的呢？也斯嚴格來說不是許多香港作家強調的「土生土長」香港人，一九四八年，他出生幾個月後隨父母遷居香港黃竹坑，但父親早逝，在他的記憶中，只有父親去世時額頭貼的黃紙飄飄，這頗有日後他喜歡的《百年孤寂》開頭的魔幻色彩。

他最記得的是一間鐵屋子的書——那是也斯的舅舅和阿姨們從大陸帶來的寶藏，其中竟然有朱生豪翻譯的莎士比亞和朱湘翻譯的外國詩《芭樂集》，書本裏的魔幻與鄉村生活的素樸反差頗大。而對「文化」，他三歲時最早的記憶是西片《大樹嶺恩仇記》裏一棵大樹向他壓下來——就像鏡頭的快速剪接，下一個記得的意象已經是成班人一起去喝咖啡，再下一個鏡頭就是看《蘭閨玉女》（《小婦人》）中那牙醫招牌的牙在動，「那時小孩子覺得那些 Image 很犀利，就記得牢牢的」，意象，而不是說教，日後也成為了他的新詩最新穎的部分。

相對於一般的詩人，也斯的經歷算比較豐富的，他人生有幾個轉捩點。「六十年代經歷過那些不安和惶惑……七十年代通過寫作、工作、辦雜誌結識到許多志同道合的朋友，可能因為香港小、這樣的人也少，所以無論喜歡音樂戲劇還是文學的人都能聚到一起互相溝通，令自己不再孤僻，去尋找自己的生活方式，不再身不由己。七十年代給我帶來很多新的可能性，那是一個轉捩點。」隨後八十年代赴美遊學，在學術和見識上大大拓展了他的眼界，「另外就是一九八九後，想要去看東歐的巨變，去非英美文化中尋找一些答案，也給自己帶來很多衝擊。」

但我始終惦記着也斯的六十年代，我記得他的處女作之一〈樹之槍枝〉，發表於一九六四年的《中國學生周報》，其時他才十六歲，結尾決絕如此：「為了一對狂野的眼睛／春天遂答應留下來／這是佩槍的白楊／這是佩槍的基督／聲響在冷風與熱風之間／而鼴鼠的憤怒卻不知放在那裏……遠方一株古怪名字的樹／也急急的爆出芽來了／就這樣子的憤怒下去吧／不管施棲佛斯的大石頭／不管存在與不存在／就這樣子的憤怒下去」。

看回他第一本結集的散文《灰鴿早晨的話》，一九六六年開始寫的實驗散文或劇評，寫秋與牙痛，寫伊安尼斯高，寫〈斷夢與斷想〉，到一九七〇年，他寫了大量前衛的評論。其中一篇寫 Bob Dylan 的〈歌與餡餅〉，透露了也斯不同於同代人的單純激進的那種成熟：「用到卜・狄倫身上，微笑就是妥協的意思了。但真是這樣嗎？事實上，微笑是不容易的，當整個世界向你顰眉蹙額，你需要勇氣和寬容才可以微笑。」

這種寬容使他看到的六十年代與別人不一樣，「一九六七年的時候我在一些社區中心接觸很多不同的人，感覺『六七暴動』令這個城市停頓了，很多地方你不能前往。而我有的朋友左一點、有的右一點，眾說紛紜，我則開始嘗試去理解這一切。現在大家有點美化六十年代，但六十年代其實是一個壓抑的年代，很多事情是你想做但做不到的。你是身不由己、被動甚至癱瘓的感覺，而七十年代好一點，感覺有的東西可以動彈一下了。」

「你現在要我來寫回六十年代，我還不一定能寫出來，因為裏面的東西太複雜了，有一次我和一個波蘭朋友說起，一九六八年我們在做什麼?當時的確很壓抑想衝開去，但同時又不是很認同關社認祖派的、《盤古》後期的立場，因為我從小就對『阿爺』的權力威勢很反感，通過和不同團體的接觸，慢慢更不能接受『我就是正義、大家要跟隨我』的態度。」

他相對理性的態度是由一些感性態度來形成的，自小就不認同權威，不作聲但心裏默默反叛、反思權力的面具，「後來去作文、投稿的時候遭遇編輯要改你的文字的時候，就覺得他並不是真的明白、而只是要行使一種權力而已。」「無論政治、文化，我很欣賞理想主義者，但當理想主義者成為教主的時候，我就自覺離他遠遠的了。比如說陳映真，本來我們很支持的，在香港常發表他的東西，但當他來演講的時候，發現他為了突出他的『真理』而刻意掩蓋了許多東西，這些都成為了我私人成長過程的困惑。」

也斯去美國留學，正好是八十年代最後幾年，也是內地思想最激盪的一個時期，他在美國接觸到許多國內來的留學生，常常組織讀書會交流對國內文學文化的看法，「而離開香港，也給我一個超然一些的角度看問題。」多了的不只是家國的反思，更是多了對人的認識。他的中篇〈洛杉磯的除夕〉就寫及這麼一段生活和一個國內來的女子，「她沒人收留，就借住在我和太太的公寓裏，她有很多內心的掙扎，內心問題又聯結上了國家的問題，我看到這一切，就想把摩登的、沒深度的後現代洛杉磯與一個面對很多真實人生問題的人對照而寫。」日後也斯還打聽過她的情況，但再無下文了。

行走異國的經驗對一個作家很重要，卻是他和妻子吳煦斌（另一位非常優秀的作家）艱苦爭取得來。他們一九七三年結婚，就已經有出國留學的計劃，但之間還經歷過失業、養育小孩等等，一九七八年才成行。「但當時孩子已經準備上小學，我們只能做出艱難的決定，讓小孩和老母親一起留在香港——孩子後來還責怪我們這樣丟下他不管呢——第一年後我們回來香港，他已經不認得我們。」一九八三年回到香港，以為可以在家寫好博士論文，結果發現不可能。「在香港遇見一個朋友，他說我訪問你一下，為什麼有人回港就寫不了論文？其實他說的是董橋，我還以為是說我（笑）。」

吳煦斌讀生態學、海洋學，結果回來香港找不到工作，當時的香港還沒有環保這個概念，幸好也斯找到教職，一家才得以立足。接踵而來的就是一系列歷史大事，「一九八九年五月，我還在上海出席一個會議，我有一篇小說〈失憶的女人〉就是寫那個時期的，可是至今都沒有改好，只是一個初稿，因為尚無法理清，這就像我的一個未了的心願，我想理解這些事情或明或隱對我們自己的影響，通過日常的人來看清背後的東西。」從那時到九七，大家都感到這一種焦慮，「當時在藝術中心做了一系列講座，當時有很多人擔心香港會失去一些什麼，但那是什麼呢，就是我想探討的。不是以一種大香港的心態來做，而是想藉此反思香港你想珍惜的是什麼？」

九七，也斯的生活與香港同步發生變化，就在回歸前夕他離開港大，暑假過後就到嶺南大學任教，「所以我拍了一個錄影作品，就叫《搬家》，拍攝這種『歸隱』的過程——因為當時文化界有很多奇怪的爭執，其實對香港並無幫助，只像自己打自己一樣，令我心生厭倦。」

其實從也斯早期結集的書就能看出，七十年代的文化界更寬容和開放，七十年代的雜誌似乎更能容忍實驗性、詩性的寫作，嚴肅作家也可以靠在專欄寫自己感興趣的東西為生，而不須遷就讀者、市場，當時為什麼有這樣寬容的文化環境呢？

「我做過一本《六十年代剪貼冊》記錄了這一些雜誌。六十年代它既是一個壓抑的年代，但也醞釀了很多不同的東西，這些東西到了七十年代就以同仁雜誌的面貌出現，比如説《中國學生周報》，在羅卡和陸離的努力下就做了很多推動文化的事情。同時，雖然辰衝書店能買到不少 Beat 一代和外國的前衛作品，但很多東西仍然要很艱難才接觸得到，所以我們都特別珍惜。比如看了《去年在馬倫巴》的電影很震撼，我就去訂羅伯格里耶（Alain Robbe Grillet, 1992-2008）的小説看，繼而還嘗試把它翻譯出來。」

所以從六十年代開始，他們已經明白到以民間努力製造文化環境更重要。當時樸素的「文學活動」似乎比現在的種種文化節目和會議更有思想激盪和詩意。「公平地講，一九六二年大會堂成立，倒是發揮了不少作用，比如他們搞過企鵝出版社的書展，那起碼令我第一次接觸到那麼多西方現代文學書籍。還有不少畫展、表演藝術，所以我們很早就看到康寧漢（Merce Cunningham, 1919-2009）的舞蹈，以至於後來林懷民來的時候我們都不覺得怎麼樣。當時民間的交往更好一些，後來卻是為了爭資源，大家各自為政卻少了串聯的能力。當時大家一起搞讀書會、小劇場，都沒有想到什麼跨界，只是覺得好玩就去做的。」

如大嶼山，也斯和西西都寫過，也斯的是散文〈爛頭東北〉，西西則是《我城》中的一段，原來他們一起去過大嶼山。「當時我們叫行友，常常一起探索香港各處地方，其實也是為了重新書寫香港，對抗那種認為文學只可以寫阿爾卑斯山的陳見。」

這樣的一個香港，是也斯一直惦念的，「六十年代我在社區中心工作，一邊閱讀一本法國的新小說，一邊看外面的香港，兩個現實反差遙遠，但正是這種反差令我想改變身處的現實，又因現實來調整閱讀中過高的文學理想，這兩者的來回，就像過海關偷渡一樣。」甚至他九十年代初對東歐文學的關心，也像此前對拉美魔幻現實主義文學的關注和譯介，都是有聯想、針對香港其時處境的因素。

魔幻現實主義，是一種文學風格，更是一種面對我們現實的方法。「我最初是看科塔薩爾（Julio Cortázar, 1914-1984），那是很巧合的，因為我首先產生興趣的是電影 *Blow Up*，覺得非常新穎。我那時已經寫了一些東西，很想找到一種書寫自己、自己生活的世界的新方法，但從閱讀中找不到，當時左翼文學的批判現實主義、台灣的瓊瑤和琦君，甚至余光中，都不是我想要的東西。」也斯覺得 *Blow Up* 有這種方法，就託人在外國買它的原著，沒想到是一個阿根廷作家科塔薩爾寫的。

「在他那裏我看到了這種新方法，更通過他接觸到博爾赫斯（Jorge Luis Borges, 1899-1986）、馬爾克斯（Gabriel Garcia Marquez, 1927-）等，發現他們可以從個人愛情書寫到家族家國，不像華文文學當時的割裂。我翻譯了很多他們的作品，就像在黑夜裏吹口哨，翻譯與介紹就像文學宣言：你看，文學其實是可以這樣的！」

也許就是這種在黑夜裏吹口哨的信念支撐這些實驗者從六十年代走到今天，把憤怒與壓抑鍛煉成未來成熟之種子。就像也斯一九七〇年寫的〈持着我的房子走路〉中所說：「我記得自己曾在暴雨的荒山中奔跑。而現在，我卻比較喜歡持一把傘。」這把傘所撐起和遮護的，非常珍貴，被暴雨揭示出來、被持傘人所撿拾。文章最後引的是傑克・凱魯亞克（Jack

Kerouac, 1922-1969）的名言：「加洛克下山時不是說過：『即使我們永遠憂傷，我們也永遠年輕。』」這個也斯的譯本與台灣譯本不一樣，台灣的翻譯很煽情：「永遠年輕，永遠熱淚盈眶」，屬於六十年代單純的自我感動，而也斯的譯本，屬於七十年代的堅信和執着。

中國文學的影響以另一種方式直接作用於也斯，「我喜歡馮至，五四傳統對我影響最大的其實是一九六二年在報紙上看到劉以鬯的《酒徒》，《酒徒》固然寫得好看，更好的是其中提到很多五四作家，我們當時是無法接觸的，如穆時英、施蟄存、師陀、李喆人等，我跟着它的脈絡當書評來看，把這些作者都找來看。」七十年代初也斯在香港中文大學開了一門中國現代小說的課程，就是拿劉以鬯這張單子來教的。

「我們很大營養來自那時香港翻印的舊書，《魚目集》、《漢園集》、李廣田《詩的藝術》、馮至《十四行集》、穆旦的詩集都有翻印，所以我們對三、四十年代的中國現代派很有感情，後來做這方面的研究整理也正因如此，因為當時文學史上完全沒有他們的位置。一九七八年我就開始寫關於他們的論文。」當時也斯都不知道這些作家是否在生，沒想到一九八〇年在洛杉磯見到卞之琳和袁可嘉。「這是一個奇妙的經驗，我竟然要通過美國國會圖書館才能找到他們的書和舊雜誌來看。我所在的加州大學聖地牙哥分校是以研究美國現當代詩著名的地方，我本來想研究加里・斯奈德（Gary Snyder, 1930-）和中國古典文學關係，結果因為在圖書館看到大量美國現代派作品，那裏有所有這些現代詩人的初版詩集、油印小冊子都有，令人驚歎其全備，反而中國的詩集零零星星，讓我立心效仿美國學院為後者做一些梳理和整理。」

也斯被視為香港較早有本土意識的現代詩作者，亦以詩歌寫作形式本身去建立香港獨立的敍述話語。他當時是自覺還是自然如此？「《雷聲與蟬鳴》第一階段還沒有這種自覺，只是開始想：人人都寫大嶼山，我也要寫自己的大嶼山，但不算自覺。只是身處種種複雜的影響之後，就很想寫出自己身處的環境——在七十年代的氣氛下寫出。反而從美國回來後，大家開始反思『香港』到底是什麼，寫『香港歷史明信片』系列的時候，就會更自覺。」他打了個比方：「七十年代我是一個抒情詩人在尋找自己聲音的時期，練了很多功夫，盲打盲撞不知何從；八十年代到九七前就自覺地基於歷史、時代和與外面的對話，才想回香港。九七後又想放開這些理論的東西去尋找別的東西。」

也斯善寫詠物詩，經歷了從對景、物的關注到對手藝及手藝背後的人的關注，這個轉折過程是我很感興趣的。「我最近又在思考詠物詩的問題，《雷聲與蟬鳴》裏亦有的，那階段是通過葉維廉、斯奈德等對中國古典詩的意象性的吸引，想用一種乾淨的語言來體物，以及物之間的脈絡。到後來在美國寫的詠物詩就有感情的介入，到回港後寫〈蓮葉〉一組就更是沉思性、更隱晦，到一九九六年寫〈博物館〉系列是對文物文化、〈衣想〉對手藝物的書寫，幾個階段的心情很不同。」

也斯覺得對中國傳統的認識到了某個階段，是無法發展的，變成一種類似猜謎一樣的求解便足的遊戲，「另一我不喜歡的就是你得出一個道德教訓就把它套用到物，竹就是君子、蓮就是出淤泥而不染之類，只不過做了一個很聰明的比喻而已，那就是詩嗎？賦比興中，賦與興也有很多好玩的地方，不一定非要『比』吧？大家對詩的要求就偏向光是期待一個很妙的比喻就夠了。就跟看跳舞一樣，很多人期待那些高難度動作，但跳舞並不是雜技啊。詠物詩若淪為此，就與猜謎無異了。我想的是在現代社會，物與我們的關係已經完全不同了，比如說抽象裏的物與人的關係如何？這也是我思考的，心與物來往的方式也是有許多種的。我們寫詩也一樣，有時是外物觸動了你，有時卻是你心生一念、外物來修正你。這種來往本身就很有趣，是我更想嘗試去寫的。」

雖然也斯更為定位自己是詩人，但我覺得兩者對他同樣重要，比較不同的是小說更具野心和實驗性，小說見匠心，詩歌則更見性情。也斯非常認同，他說：「詩對我是很自然的事情，小說對我還不是精湛掌握的事情，很多追求想做，所以你能看到我有意如此的經營。可能是因為我還沒有完全做到最理想的自己，小說想有一種大的追求，野心很大但又想把它隱藏得不動聲色。寫詩更快樂，寫詩的快樂是自己的快樂，是私己的。」

樹之槍枝

你說　看那些荒涼罷
看那些白楊看那些十字架
小小的風
在古老的枝椏間吵着
汽車喇叭那樣的吵着
看那些小小的風罷

是的
為了一對狂野的眼睛
春天遂答應留下來
這是佩槍的白楊
這是佩槍的基督
聲響在冷風與熱風之間
而鼯鼠的憤怒卻不知放在哪裏

遠方一株名字古怪的樹
也急急的爆出芽來了
就這樣子的憤怒下去吧
不管施栖佛斯的大石頭
不管存在和不存在
就這樣子的憤怒下去

一九六四年二月二十八日
刊於《中國學生周報》第六〇六期

點評

這是也斯少年時期的作品，看得出瘂弦的影響，但比瘂弦更激進和強烈。通篇的隱喻象徵如水流急速隨處濺出浪花，到最後反諷存在主義，樹立起鮮明的詩人個性 —— 也是一代青年的叛逆個性。

06

留白處墨香四溢

訪・北島

因為政治原因，也因為一代人思潮激盪難平的原因，在一九八九年前後中國的精英之中有一股「流亡潮」，那一代人中間最優秀的往往去國遠走他鄉，但近十年他們又紛紛回歸，人稱這是「流放者的歸來」。

其中走得最遠的、歸來最難的，卻是最鼎鼎大名的北島，「我想他骨子裏有一種驕傲，中國文化的驕傲，這驕傲陪他遠行，也伴他回歸。」他曾在寫及「流放前輩」熊秉明的散文中如此堅定地結尾，也似是說他自己。他十幾年來堅持的中文寫作，通過《今天》雜誌和網路流傳，一直不容迴避地進入我們的視野；雖然非議者也多，但北島一概不理，仍然寫着，自道是「一意孤行」。這就是驕傲，一個詩人的基本素質。

二〇〇六年，北島開始「回歸」香港，並未真正有心「回歸」，就像他在〈在中國這幅畫的留白處〉文中所寫：「如果說中國是一幅畫，那麼香港就是這幅畫的留白，而我就是這留白處無意灑落的一滴墨。」偶然中的偶然，造就了這個城市與這個詩人的相遇。

但四、五年後的今天，他說：「我承認我就是香港詩人了。」頗出人意表。新移民知識分子中，勇於自認自己是香港詩人的人，誰都想不到是最大的異鄉客：北島。二〇〇七年移居香港，是北島距離回不去的故鄉最近的一次遷移，正如北島說的：他早已沒有選擇的權利。但是漸漸地他會去閱讀陳冠中的《我這一代香港人》和呂大樂《四代香港人》這樣象徵了香港本土論述的經典之作，藉以了解他身處的奇特時空以及這時空中人與人的關係，無疑這樣的主動理解比自絕於世要積極得多。而且，當北島被香港中文大學延聘為教授之後，他牽頭策劃大型的「香港國際詩歌之夜」和「國際詩人在香港」兩項計劃，更是浪漫主義之舉——試問要在一個被定性為商業至上社會的城市舉辦貌似最不食人間煙火的詩歌節，幾乎是堂吉訶德的行為，北島硬是以自己的號召力辦成了。

北島居港數年，最重要的文學創作是散文集《城門開》，我常想像他在相對香港市區清靜的馬鞍山的工作室埋首回憶他那失去的老北京的情景，山水迥異，故人白頭，他獨力為那個理不清的時代編織回憶的迷宮。現在他在香港大部分時間都花在詩歌節的籌辦以及《今天》的事務上，自己的詩寫得少了，這次採訪中欣聞他已暫停一切散文寫作和專欄，重拾詩筆，令人頗生期待。

在國內生活的時候，你有接觸香港文化嗎？

一九八五年到深圳，在中英街遙望過香港，那次是真正跨入了香港。現在我還想再訪一次中英街，那裏太有意思了，不知還是否存在？

但對香港文化接觸得很少，我們已經屬於老一輩，基本不聽流行音樂。除了鄧麗君——如果這也算香港文化的話。七十年代中後期，我們認識北京語言學院一個黑人學生，他有一個四喇叭的手提錄音機，我們常去頤和園聚會。他帶來鄧麗君的歌聲。我們和香港文化保持距離，可能那時我們在「幹革命」——辦《今天》雜誌，連當時風行的交際舞都沒有學會，只忙於自己心目中認定的大事。

你有沒有像顧城、歐陽江河他們那樣，和香港詩人有接觸？

在七十年代，我認識老詩人蔡其矯，因為他是華僑，認識很多香港作家，他帶給我們一些書，比如說舒巷城的，後來才知道是陶然給他的，但看得最多的是香港、台灣出版的翻譯書。真正交往較多的是也斯，一九九一年在芝加哥認識，我們那時常常在各種外國的詩歌節碰面，一九九五年我更約他為《今天》編了一個香港文化專輯，據說在香港反應很大。

一九九七年你曾參與策劃香港國際詩歌節，其中感受如何？

當時有一個香港文學中心（現在已經不存在了），一個外國朋友介紹我認識了文學中心的負責人，我們計劃在香港回歸前辦一個詩歌節，主題是「過渡中的過渡」。南非作家Breyten Breytenbach和他的香港女友也參與策劃，我們商量說在香港這個微妙的時刻做一個詩歌活動。但是不成功，來的人特別少，可能就是因為那時期太特殊了，人們沒有閒心關注詩歌。最大規模是開幕式，但加上詩人才有四、五十人參與。

唯獨最大的收穫是，我在臨走前一天見到黃永玉，他一高興就捐給《今天》一幅六尺的大畫，他說這張畫不能低於三萬美元賣掉。我帶回美國賣掉了，《今天》靠這張畫維持了好一陣子。

當時對香港印象最深的是，年輕人的手機已經非常普及，人們到處都在忙着打手機——和當時西方不一樣。沒有一個年輕人向我們談及詩歌，人心惶惶。

什麼時候有移居香港的念頭？移居香港的過程是怎樣的？

這完全是帶有命運不可知的神秘色彩，二〇〇五年「六四」那天我在韓國參加一個論壇，在新聞發佈會上談到六四問題，因此又失去了回國的可能。當時我兒子兜兜剛剛出生不久。當時我母親和甘琦（北島妻子）在北京，我們只好商量一個離中國最近的相聚之地，只有兩個選擇：首爾和香港，最終選了香港，對老人來說更容易適應。那年十一月甘琦帶着兩個老人、一個嬰兒從北京到香港，與從美國飛過來的我會合。我們在都會海逸酒店租了一個套間，在香港住了十天，漫遊香港，連海洋公園都去了。

快要走的時候，因為我寫的《時間的玫瑰》是談翻譯問題的，中文大學翻譯系系主任方梓勳問我有沒有興趣第二年來翻譯系教一門暑期課程，於是第二年我來用英文講授了中國古代和當代文學，那是二〇〇六年夏天，我在香港住了兩個月。正好趕上中文大學推廣國際化，校方突然問我是否有興趣長期搬到香港，後來回到美國就收到他們的聘書。

有否耳聞香港是一個文化沙漠之類的批評，可能並不適合作家生存？

我沒這個顧慮。這麼多年來，我沒有選擇的權利，只有「隨波逐流」的命運。那些年我基本上都是靠在美國不同的大學任客座教授維生，包括美國南方那些最偏僻的地方。剛到一個新地方，我先得去租車、再去找中國雜貨店，買醬油之類，這成了多年來我的生活習慣。我本來可以留在芝加哥附近的聖母大學，他們要給我永久教職，但那是一個很可怕的小鎮——別說文化，那裏什麼都沒有。

來港定居後，發現香港與想像中有什麼出入嗎？

敢說三道四的，都是到那個地方時間最短的人，住久了，反而不敢妄加評論了。搬到香港後，我不斷調整自己的認識，最初也做過某些很簡單的判斷，後來才發現香港問題遠比我想像的複雜得多。在這個過程中我開始讀陳冠中關於香港的書和呂大樂的書等，也逐漸認識了一些香港朋友，正是通過閱讀、與香港朋友的交往加深了我對香港的認識。

我覺得香港基本上是個紙上的官僚主義社會，靠文件來維持，沒有人真正負責，都是通過簽字劃押。剛來大學，幾乎每天看到的很多文件，上面都寫着"Confidential"，我不僅認真讀，還用碎紙機粉碎，後來一個外國教授問我幹什麼？我說這不是說機密嗎。他說哪有什麼機密，香港什麼都說是機密。

其實，香港最重要的是它在地理、政治文化上的獨特性，這是我們留在這裏的最大理由。如果沒有香港，中國大陸就是另一個局面了。因為香港相對獨立的自由空間，給中國提供了另一種可能性。

最喜歡香港的什麼方面？有寫過關於香港的詩嗎？

首先是香港的方便。舉個例子：今年三月，我到紐約朗誦，在九十二街朗誦完了，朋友們開車去找地方吃飯，才十點鐘，中國城所有的中餐館都關門了，到了中國城也都關門了，只好到很差的夜間餐廳。過了幾天我回到香港，下飛機已十一點了，候機廳所有的餐館都開着門。

還有香港的自然環境。離開都市區，就是另一個香港，綠色的香港，可行山、遊船、野餐。我們請外國詩人來，他們也為這綠色的香港驚歎。我暈高，不暈海，所以我常帶朋友和孩子去西貢坐船出海。

我的詩很少與地方有關。但不少重要的文章都是在香港寫的，比如《城門開》。有人說，這個環境適合寫作，那個環境不適合寫作，我認為對作家來説都不成為理由。在任何環境中都應該能寫作，甚至監獄，只要有紙和筆。我年輕當建築工人時條件極差，但也沒有影響我的寫作。而今我居然有自己單獨的書房，這在香港算是很奢侈了。

你寫《城門開》，文本內外、北京與香港的差異有什麼影響？

我的北京早就不存在了，這個距離、時間的差異比什麼都大。記憶是可以被喚醒的，在寫作過程中，一道道門被打開，通向一個個暗道。對於香港讀者，《城門開》這種經驗應該有普遍性——因為每個人的故鄉都在淪陷。

香港國際詩歌之夜的構想是怎樣慢慢成型？那個詩歌節給你最大啟發是什麼？

來香港前，我就想到了辦詩歌節的可能性。香港的好處是這裏有某種純粹性，你可以完全獨立，你可以與給你資助的機構完全不發生其他關係。在大陸的話，如果你拿了某個房地產商的贊助，很可能就要拉你到他的樓盤去做宣傳。在香港這樣高度商業化的社會，完全可以做非商業化甚至反商業化的藝術活動。

再有，既然決定在這裏生活，我們的孩子要在這裏長大，我們應設法不斷改變這裏的文化環境。在這個過程中，我發現在香港有這樣想法的朋友不少。比如第一屆「香港國際詩歌之夜」，那時經費上有很多困難，大家幾乎都是義務幫忙。這也體現了香港人的職業道德，讓我佩服。每向前走一步，環境就會隨之發生變化，這證明了我們可以讓文學藝術在這裏生根。

覺得香港的詩歌讀者有沒有進步？年輕的讀者如何？

香港八十後的政治熱情，是在別的地方很難看到的，這是一種青春的能量，我們也應該同時發掘他們的文化潛力。在香港早期詩歌教育是很重要的，甚至應該從中小學開始。這幾年，在香港參加詩歌活動的人越來越多，其中有不少是通過自由行從國內來的。但詩歌同時必須保持其小眾意識，變成大眾的流行文化形式也會很危險。

而觀眾是有各種各樣的。北京有句老話，林子大了什麼鳥兒都有。香港也有不少人選擇過另類生活，詩歌恰恰應該和這樣的人掛鈎。我在香港遇到不少年輕人，他們對文化藝術很有激情。我相信，商業化總會讓某些年輕人產生逆反心理，要給他們機會拓展創造與想像的空間。

現在香港對你意味着什麼？異鄉感有沒有消除？

漂泊這麼多年，我早就沒有異鄉感了。現在我覺得香港就是家，香港人也是我的身份之一。其實從小我就有離家的願望，這可能與反叛與藝術的衝動有關係，我八歲隨母親第一次離開北京去上海，就產生了有一天遠走高飛的衝動，後來「大串聯」、下鄉、出國、流亡，越走越遠。

將來還有沒有可能會離開香港？

有這個可能，但十年內應該不會，漂泊那麼多年，為了孩子也該過一種穩定的生活。阿根廷詩人胡安・赫爾曼（Juan Gelman, 1930-）說過，他有兩個承諾，一個是對詩歌的承諾，一個是對社會的承諾。香港恰好讓我把這兩個承諾結合在一起。

宣告

也許最後的時刻到了
我沒有留下遺囑
只留下筆，給我的母親
我並不是英雄
在沒有英雄的年代裏，
我只想做一個人。

寧靜的地平線
分開了生者和死者的行列
我只能選擇天空
決不跪在地上
以顯出劊子手們的高大
好阻擋自由的風

從星星的彈孔裏
將流出血紅的黎明

點評

寫給「文革」的殉難者遇羅克，也是寫給一代不願屈從於獨裁和思想禁錮的青年的讚歌。通篇的力量在內容本身，人道主義代替了英雄主義，是對人的價值的真正認同，這也是遇羅克等人殉難的意義。最後用一個有力的意象收結，不做解釋，卻蘊含了多層對比，作者的信念和選擇昭然。

07

山即是心

訪 · 鍾玲

鍾玲的新詩集叫做《霧在登山》，這已經不是第一次有「山」出現在她的著作中了，她最早和胡金銓導演合著的一本散文集叫《山客集》，她寫過《群山呼喚我》，寫過關於詩僧寒山的論文，當然她最廣為人知的創作，就是為胡金銓《山中傳奇》編劇。山為何這麼吸引她？《山中傳奇》裏那抄經書生彷彿夢中趕路，上山下海，似悟非悟，就如山中人的心像曲折，身在此山中，也即是山在心中，兩種崎嶇，何從道來？

「群山像圍聚的大人／俯瞰你在搖籃中哭泣。」《霧在登山》詩中寫道，也許這就是鍾玲最早的對山的記憶——或者是對短暫的山中嬰兒期的幻想，她出生於戰爭與和平邊緣的陪都重慶，父母就是離鄉的番禺人和客家人。「抗戰勝利後我們到南京住過，後來父親到中華民國駐日本大使館做武官，兩年後我們也去日本了，這是三歲到五歲的事。」不記得重慶不記得南京，鍾玲真正最早的記憶在日本，「我現在睡覺還是最喜歡睡榻榻米」，這也是一種鄉愁的作用，異鄉之鄉。從日本直接就去了台灣，時代的命運也作用於小女孩身上，那時她並不知道什麼祖國和故鄉。她來到高雄，在眷村長大。

故鄉對她的意義很複雜，她的詩文既有對中國歷史和現在的關切和愛恨，近年詩作又有香港的山水給予的歸屬感，更深的當然是對台灣的愛，正如她早年著名的〈群山呼喚我〉一文結尾所寫，「我傾聽，終於聽見我心深處的呼喊，是在太平洋邊一個島的心臟……」那是七十年代她在美國拜訪 Beat 詩人 Gary Snyder 時，在山中所悟，沒多久她就離開了留學和任教的美國，卻回到了另一個故鄉：香港。

台灣更接近她的故鄉，那她常寫及的中國大陸對她來說意味着什麼？「你童年在那裏，那地方就是你的故鄉，你就同它的泥土連在一起，對我來說那就是台灣。但大陸對我來說就是我的國族，我覺得中華民族就是大陸台灣香港，很感謝在蔣介石下的教育制度，地理書上一直是中國，外蒙都在裏面。我那個年代長大的人不論本省人還是外省人，國族觀念都很強大，雖然大陸那些地方可能我們去不了，但那是我們的國族，而這個國族都跟我們五、六千年的歷史連在一起不可分，到現在還是這樣。」

那一代台灣人對中華文化還是有很強的自豪感，鍾玲說：「我的血液裏就有中華民族最美最精華的部分。台灣和大陸不一樣，從來沒有用批判的態度看傳統。」她的詩作並不多寫及政治，但就有不少跟「六四」有關的長詩，終究是無法釋懷，「剛好『六四』時我還沒回台灣，在香港。那時我埋頭在寫東西，都沒有看電視，直到有一天跟戴天通了電話，他讓我趕快看電視，很震撼。在旁邊看遊行也是感動的，那時香港上上下下哪個階層都有義憤，這也是廣東人個性裏很值得人佩服的。」

但看其新著《我心所屬：動人的理想主義》，似乎奠定了鍾玲日後理念甚至命運的還是她在美國留學的時期。首先影響她的，是身邊的普通同學，「生活在他們當中令我思想比較放開，比如愛情觀對性的觀念，以前在台灣是非常保守的，但那時扭轉過來。還有政治上的抗議，在台灣是不可以抗議的。這些都開啟了我很多桎梏。我開始對那批年輕人崇拜的作家有興趣，也有機會聽他們朗誦，包括 Gary Snyder。」

六十年代美國的嬉皮精神，作用在她身上，現在仍留存的是什麼？這是我最好奇的問題，「我周圍所有美國青年有很多抉擇，差不多每個人都是重新思考價值，想要找出自己一條路。跟我同宿舍的是一個讀博士的美國黑人，後來她就投入黑人民權運動；後來我住在嬉皮合作社裏，認識一個白種的美國男孩，他後來卻愛國從軍去了；我在紐約教書的時候，我的學生裏有些披着長頭髮，坐在教室門口外面恍恍惚惚，我說你好嗎，他說我剛從月球回來。還有一個人相信自己有一點印第安人血緣，就跑到印第安人居留區裏去幫助印第安人了，雖然我覺得他怎麼看都是猶太血緣多過印第安血緣。」

誰都沒想到後來的鍾玲教授，還曾經住過嬉皮社區，她住的合作社是一個三層樓的房子，裏面可以住二十多個人，大家輪流煮飯，交房租，自己設定自己的規章，「我那時很保守，我提議說任何男士要到我這層來要喊 man on floor，他們也尊重。住到那裏是因為好奇，大部分人都抽大麻、性濫交，但華人學生很少住進去的，我也是住了一年就跑了。」即使如此，她還是很感謝那段時光，「在台灣讀外文系的時候就已對他們的文學藝術有興趣。去了那邊他們的生活方式令我很迷惑，有點像受洗禮。」這種興趣持續到現在，現在寫《我心所屬》都是對當年的延續。「因為歷史上有理想主義的時代。」

但一個中國人還是不能像他們那樣生活，「你是中國人就要把學位唸完，因為拿的是學生簽證和獎學金，不可能不讀書就跑去遊蕩。」政治運動，她也都是在旁邊看，「黑人運動，反越戰，還有一次抗議助教被教授剝削，我就是助教，但我沒有去抗議，就是看着。常常走在路上就是會流淚，因為催淚彈。」大部分時間她還是乖乖的中國學生，但開始慢慢去了解和思考他們為何會這樣。

二十二歲去威斯康辛，碩博士讀了五年，然後在紐約教了五年書，紐約歲月給她最大的禮物，應該是日後成為她丈夫的胡金銓導演。「在紐約教書時，我是中文部的主任，當時《俠女》得了康城大獎，我聽說胡金銓就在紐約，於是請他來學院演講——因為學院沒有住宿的經費，他住在我家，我還請了一個女同事也住到我家來，避免人家說閒話。我們談了一晚上的話，我跟他的話題是文學，如聞一多的詩。」胡金銓在回到紐約三天以後，就給鍾玲打電話，講了沒幾句就說鍾玲你跟我吧，「我當時沒懂他的意思，後來懂了就嚇倒了，怎麼才談了一晚上的話就說要跟他了。我去紐約見他，見了幾次，就決定訂婚，辦了個訂婚晚會，一九七六年底。一九七七年我們就在香港結婚了。如果不是碰到他我一直會在美國教書的，結婚才第一次來香港。」

從此鍾玲成為香港人、香港作家，不同於南來作家幾乎是純男班，香港有好幾個台灣來的作家都是女性：鍾玲、黃寶蓮、蔡珠兒、杜家祈……都是文字細膩清麗、對中國傳統文化認識也深的。這樣的女子，彷佛與這個江湖般的香港相去甚遠。來港生活前，鍾玲對香港也沒有什麼認識，「剛來到也有點 culture shock，我是文學界的人，一下進入電影界。我當時辭了職，要跟他一起工作生活，就要了解和適應電影界的生活。我是很 private 的人，不喜歡別人關注，喜歡靜靜做自己事。但來香港就會被人家認得，因為結婚的事上了八卦雜誌，我覺得很不自在。」

後來成為佳話的是，鍾玲參與了胡金銓的攝影隊的工作，幫他寫《山中傳奇》劇本——「那是向他學習了，電影界的工作我是現場跟的。他在韓國拍戲，我一半在香港，一半去韓國，看他們拍戲，很有趣。跟他主要寫了一個劇本《山中傳奇》，另外寫了一個故事《大輪回》。」一九八二年鍾玲還是回到學院生活中，進入了香港大學中文系翻譯組，因為畢竟對文學界和學術圈子比較熟。「當時香港國際性很強，香港文人的素質也是比較有國際性的，不管是林年同、鄭樹森、文樓。」鍾玲跟他們一起辦了著名的《八方》雜誌。從此就淡出了電影圈，再沒有參與。

在學院裏，鍾玲一直從事行政工作，她自己都覺得莫名其妙。「投入行政工作，你的腦子變成處理問題的腦子，而不是感受的腦子。現在偶爾還寫詩，二〇一〇年去澳洲大學，那邊辦了一個女作家 conference，去到那邊我是作為一個詩人去活動，就處在詩人狀態，人就漸漸打開，看到 John Minford，他很感性地去感染和教育他的學生，我的詩興大發，回程上開始寫詩送給他。但一下飛機以後就沒有了靈感，詩寫了幾行就不能寫下去了，回來香港以後腦子就變了另外一個人。」

學院詩人唯一的出口，也許是寒暑假，「假期我都會去台灣住在寺院裏，那時我可以寫古詩。詩人的自我是在某個時空下存在的。」其實在漂泊和生命中一些大變動，佛教也是她安心的途徑，「我是佛教徒，是在大概四十幾歲開始覺得人生要追求什麼問題，發現別的都是次要，只有智慧能令你在任何狀況下自然地自處。」

胡金銓沒有信佛教，但很有興趣，所以才會拍《空山靈雨》。「胡金銓是一個非常善良、好學的人，他比我還好學，不斷增長自己知識，什麼東西都涉獵，不斷的買書讀書。求知慾很強。要了解一個時代，那個時代人吃什麼，衣服怎樣，他都買書去了解，還常常自己畫。」胡金銓去世時鍾玲在高雄，「他在台北動手術『通波仔』出了問題。他最後在美國時間也蠻長的，差不多一九八七、一九八八年就去了美國，一九九七年過世，也有十幾年了，他在那邊也交了朋友，像吳宇森，他們一起買了一塊墳地給胡金銓，就把他葬在美國了。」

生命中的變動如此，鍾玲對那段時期不欲多談，旁人也只能猜測其中的遇合與分離。在她那首非常感人的紀念詩〈你駐足的草地〉中，有這麼一段：「那十年同行、十年的糾結，／來整理兩人之間千絲萬縷；／什麼是以為付出其實收受，什麼是一位脫離其實滲透。」

畢竟是詩人，心像由詩來澄清。在「情感的城池」一輯詩裏鍾玲多借寫景和氣象來寫感情，這樣的處理方法能為她帶來一種豁達。「可能受西方大宇宙我和小宇宙我的關聯，人是大宇宙的一個小小分子，關聯遠比我想像和寫出來的多。很奇怪就是我到大自然裏就很舒服，尤其是大山大水那種。我會怕人，因為人有時是惡意，可是大自然就不會怕。有一次我在台灣山裏看到路上有一條蛇兩、三米長，應該是蟒蛇，我也不怕，我還在那邊靜下來去跟牠講話，大蛇大蛇你不要跑出來啊，在深山是安全的，外面是危險的。」

山以外的世界，她也多了關注，尤其是在香港，我想這也是香港給予每個過而留之的作家的禮物。《我心所屬》序言就提到香港八十後給她的感動，在他們身上，鍾玲也許看到當年理想主義的傳流。「香港是我第二故鄉，我退休最想去是高雄，第二就是香港。我沒有語言隔閡，因為是廣東人，第二在這裏各種資訊了解多了，感情就深了。比如對『港大事件』，我多少會由學生的角度來看，而且覺得如果我們跟大陸公安一樣，那還是香港嗎？可是有些人就很奇怪，當年也是在威斯康辛唸書，到現在年紀跟我差不多，他就會說他們不應該那樣圍攻徐立之，我就說徐立之應該要做到像蔡元培一樣。我覺得很多人變得越來越傳統，說的不好聽是冥頑不靈。」

無論是豁達還是激憤，在山那裏都能得到圓融，山之所以為山就在於它有許多面相，而許多面相也正是同一心相，山即是心——這是鍾玲詩友 Gary Snyder 詩集的名字，其實也可以作為鍾玲對自己的念想，因為她寫到：

既不悲傷也不喜悅的孤松，
它在滌淨的呼吸中成長。
所有傷痕都消失，
因為霧在登山。

寂

下雪的皓月
冷凝我
像冷凝一座
嶺上無雲的裸山

你是活在風裏頭吧
就是風也吹不出什麼松濤
以向你昭示一點生韻
因為蒼樹已成冰
我白白知道
或在一片黑原上
你的歌撒在荒涼裏

點評

鍾玲之詩向來有東方美感，寥寥幾句營造出武俠電影一樣的孤絕效果。但她又是熟悉西方詩歌的實驗美學的，通過詞語的魔術，如把「白白」與「黑原」的並列，使「白」有了雙重含義，亦呼應了「皓月」與「裸山」所包含的白色與空白。

08

北往南來漂離筆

訪・陶然

「南來作家這個名字現在簡直帶點原罪的意思。」陶然皺眉說道。

香港文壇中提到「南來作家」（即從內地來港的作家），莫名總帶點貶義，似乎總不如「土生土長」來得響亮，而且這個名字下面籠罩了一大群不同風格、水平的人，率為武斷。與陶然見面，剛坐下他就說：「南來作家這個稱呼其實我一直不是很認同。」——即使中港研究者都這麼定義他，有的還把他作為南來作家的代表，即使他已經來港三十八年。但無論是內地文學史書寫的熱衷關注，還是本地讀者的有意無意忽略，陶然那一代南來或南遷作家，他們的作品和他們的經歷都是其時代的另一種註腳。

相對於「南來」，我更感興趣的是他的「北往」，他最初是從印尼去的北京，才又從北京來的香港，如此南來北往，決定了他的作品中的流離之味。雖然說話還帶着一點點口音，陶然其實原籍廣東，但他在印度尼西亞的萬隆市出生長大，四十年代到五十年代，一如我們所知的彼時華僑知識家庭，他和他的家庭都被捲入歷史的諸多誤會的波瀾之中……

陶然的外祖父四十年代在雅加達任國民黨報紙《天聲日報》總編輯，五十年代到香港，遂被統戰回國，結果回國一年就因為「土改」被鬥，在拘留所內含冤自殺。但這件事沒有影響其後十年在萬隆的左派學校學習的少年陶然，他相信國家在變好，每天收聽中國人民廣播電台、閱讀《人民畫報》，學得流利的普通話，並且耽讀《青春之歌》、《林海雪原》等從萬里之外漂流至此的革命文學。終於一九六〇年的一天，他的母親無奈地對他說：「既然你這麼愛國，你就回國讀書去吧！」母親並不認同共產黨，她的考慮，當然還有印尼日益高漲的排華氣氛，少年陶然尚未了然日後的恐怖，只是為能夠回國建設而興高采烈。

印尼風情沒有給陶然日後的創作留下太大影響，他的心一早飛到北方去了。陶然和哥哥、兩個姐姐來到廣州，哥哥因為超齡留下在廣州務工，陶然和姐姐因為對廣州的失望和對北京的嚮往，堅決要求赴京。「廣州碼頭飄滿萬國旗——都是市民晾曬的衣服。在街上問路竟被隨意指點到反方向，在巴士上說下車，售票員苛斥應該說落車（粵語）！」敲鑼打鼓被歡迎的華僑子弟，進入廣州市內遭遇了一片混亂，這落差至今說起仍然覺得不可思議。

坐了三天三夜火車，膽粗粗的陶然來到幾乎舉目無親的北京，就讀於天安門旁邊的北京六中——清朝的吳三桂馬房，天子腳下卻好不逍遙。「相對於廣州的破落，北京的建築雖然也灰，但氣派大多了，大馬路大建築，印尼也完全見不到。北京的文化素質更是比廣州高很多。」

但政治氣氛北京也濃厚得多，書迷陶然發現找不到太多想看的書，「頂多是楊朔、劉白羽等官方作家作品，解放前作家只有魯迅的書，連錢鍾書都沒有，甚至《紅與黑》都看不到。」他對看不到《紅與黑》耿耿於懷，「十九世紀的浪漫小說，不過因為故事中于連和市長夫人的私情而被害怕有負面作用，成為禁書。」

「那時只好拼命去看電影，都是社會主義電影，當時還是困難時期，物質上吃不飽，精神上也飢渴。」他的一個同學餓到去公園偷榆樹葉吃，結果被鬥。華僑子弟也不敢讓海外寄東西，否則會被當作資產階級。全靠一個香港來的同學，總是偷偷叫上陶然等去全聚德吃烤鴨，「他認識那廚房師傅，一進門人家就知道他要吃什麼，只是吃完他就一再叮囑我們千萬別說出去。」

上了北京師範大學，遭遇了「文革」，陶然因為特殊的身份一直「被迫」成為「逍遙派」，因為沒有紅衛兵組織要華僑子弟。唯一參與了一九六六年的串聯，是沙撈越礦工子弟組織的「赤衛隊」——可以說是「紅衛兵」的山寨版，從北京到武漢到廣州、泉州，縱貫下來等於免費旅遊。後來一個紅衛兵組織接納了他，他也只有在別人貼大字報的時候拎漿糊的資格，連大字報都沒有寫過。

因為逍遙，更可以看書，他和幾個同學「佔領」了一間空置的女生宿舍，天天躲在裏面看書。「能看的書都看了，一九六八年的時候有一個神秘的同學來跟我說可以提供禁書給我看，條件是要用海外寄來的日本立體照片來換。他帶我去中國書店的秘密書庫買十八、九世紀外國的小說，充滿了誘惑。」立體照片和禁書，誘惑對於不同的人是不同的，陶然選擇了後者。

也是那個時候，他認識了影響其一生的人：著名詩人蔡其矯。「當時崇拜詩人，五十年代初蔡其矯曾在文學講習所教小說，六十年代被下放，一個認識他的同學介紹了我們認識，於是開始通信。」其實當時明知蔡其矯已經被「打倒」，青年陶然還是堅持與他通信談文學，這通信持續了幾十年，累積數百封，直到前幾年蔡其矯逝世。對陶然影響最大的是七十年代初的一封信，蔡其矯說：「你是學文學的，為什麼不拿起你的筆？我非常反感現在社會流行的文學無用論，要是換了我，即使燒成灰也要寫。」在他的鼓勵下，陶然開始寫作。

一九七二年分配，大學生面向農村，分配並不公平，和工宣隊天天喝酒的人就可以留在北京，這點令陶然很氣憤。他被分配到陌生的江西，父親從印尼來信要他回印尼，其實當時他也對北京的政治現實清醒,「留在大陸肯定沒有希望,你的出身已經成為你的原罪。」但他走之前作出了一個非常大膽的舉動,他不辭而別跑去新疆探望被分配到那裏的女友,校方因此對他進行了缺席的批判。這一段亂世中的愛情故事,曾化身出現在陶然日後最重要的一部長篇小說《與你同行》中,而新疆,也因此成為他日後無數篇散文的主題,不但象徵了青春的絕望愛情,也象徵了青春不顧一切的自由。

一九七三年二月陶然獲批香港通行證,但拖到九月才來港。全因為不捨,新疆的女友又趕回北京和他惜別。政治對愛情的壓力凡人又如何化解,「在這批判鬥爭的世界裏,每個人都要學習保護自己。」羅大佑《愛人同志》唱的絕對真實,愛情中甚至要學習保護對方,「總之很悽慘,當時的感覺……她是幹部家庭出身,家人對海外關係非常敏感……在當時環境下,也可以理解吧。」

陶然來到香港,卻不能回印尼,因為印尼早就規定不歡迎去過共產國家的人回流,他在離開之時已經按手印宣誓接受這個規定。於是他只好滯留香港,「從高度政治化的北京來到高度商業化的香港,落差太大了,人情淡薄馬上感到。」當時香港深陷全球的能源危機,九點之後霓虹全滅,市面蕭條。大學畢業的陶然去觀塘應聘做雜工,竟也因為不懂廣東話被歧視——「步出工廠後,聽到後面那個工頭說:『車』!廣東話都唔識仲想做工!」他覺得很辛酸,「我好歹也是個大學畢業生,要求並不高,不過是想當一個最低的雜工而已。」日後他的小說,充滿了那些因為身份歧視而被侮辱被傷害的人,不能說和這些實際的經歷無關。

當時陶然失業的生活,就如他的老朋友古劍的描述,頗有些離奇:「陶然還多少有海外的接濟,『堅持』失業了兩年,去夜校補習英文。那時教育也腐敗,竟有語文教師懶到登報請人批改作文，眉批、批語，每班作文總評，一樣不少，每本一元錢。」——陶然說沒有這麼多，一本也就兩毫子到五毫子。

這樣的生活方便了寫作，一九七四年《週末報》刊登了他的小說處女作〈冬夜〉，「敍述上受到海明威〈殺人者〉的影響，內容靈感則來自在一家餐廳意外遇見六中同學羅烈——他已經是當時香港著名的武打明星，所謂天下第一拳，我不敢與他相認，小說就寫了這種心情。」和很多南來作家不同，陶然來港的第一篇小說就直接寫作香港題材，而不是大陸的回憶。

「因為文學的關係，認識了後來的好友古劍，我還記得有一個晚上我和他在銅鑼灣窮極無聊，盪鞦韆後閒逛，經過豪華戲院看見一個乞丐，我不禁對古劍說：將來我們不知道會不會變成這樣呢——」陶然回憶起這段日子還是唏噓，這就是七十年代大陸來港的青年知識份子的普遍困境。幸好一九七五年古劍進入《體育周報》，「有一天在牆角邊看到不少應徵信，我好奇拿來翻看。裏面竟有陶然的，那時他署名梅傲霜。此時正好有人辭職，就向老闆推薦，他就這樣成了同事，與葉輝三人撐起《體育周報》。」古劍回憶裏這麼說，陶然補充了細節，也是活靈活現，「葉輝和古劍，加上一個叫阿球的清潔工人天天下棋，下得昏天黑地。我在旁邊寫稿寫到七、八點鐘就走，他們還在下棋。」

蔡其矯依然是陶然的良師，繼續和他通信，並且鼓勵他堅持寫作、盡力融入香港社會。七十年代香港文化也頗激盪，但陶然的性格和身份決定他沒有認識更多的同道人，諸多文學雜誌、文社好像也和他無關。比如說：蔡其矯介紹他去結識舒巷城，他就寫信託《七十年代》轉交，與舒巷城通信許久，獲得前輩許多指點，但是始終沒有勇氣見面，直到新加坡作家林臻來港，在林臻的「強迫」下兩人才得以會面。後來陶然做時代出版公司編輯、中新社編輯，一直到《香港文學》編輯、主編，他才廣交文友，並且成為很多年輕作家的提攜者。

作為這樣一個南來北往作家，陶然和其他南來作家最大的不同，是我最關注的問題。陶然坦然道出：「許多所謂南來作家，他們對文學談不上獻身，只是利用文學進行交遊，他們的名片上一大堆頭銜，作品卻貧乏欠缺，這形成了大眾對南來作家的負面印象，這令我覺得很淒涼——南來作家本來並非如此的，卻被他們敗壞至此。」至於不同，「我出生於印尼，去北京又來香港，飄離是我的主題，家鄉對我沒意義，人生被切割成三點。」這是命運的簸弄，也是命運的禮物吧。

經過了幾十年，陶然對香港的感情也慢慢轉變，開始對香港有了一些認同，「剛來香港對那種商業社會的人情冷漠不能理解，現在仍然不能理解。正如北島所說：金錢在很多西方國家都是一個衡量標準，但不是唯一標準，但香港很奇怪，錢成了唯一標準。我依然覺得資本主義社會是滅絕人性的，但慢慢融入香港的市民社會，覺得香港普通人的危機感可以理解，賺錢之為害怕老年時沒有保障，這並非自私，只是沒有安全感。」

「我有時會想，倘若太寂寞，倘若喧囂的市聲捲走了真誠的歌聲，也許你和我也可以在這古老的地方找到一點安慰。」這是陶然寫〈回音壁〉的一段散文，也像是說的文學本身，文學曾經這樣安慰過一個無奈漂離的青年，他亦想盡量安慰其他社會漩渦中的男女。這些樸素的情感，也是陶然作品中可貴的，也許他藉此超越了早年命運的戲劇性。

別離的故事

1

那時是何等的青春年少。異國那四季如春的山城，是我出生的地方；離開它的前幾天，我覺得我正在做一件大事。歡喜成天在我的眉間舞蹈，連走路，也輕飄飄地幾乎要飛上天去了。

一天中午，媽媽帶我上街，就在一家常去的麵店，給我點了我最喜歡吃的餃子麵湯。

「孩子，你離開家，最留戀是什麼？」看着我狼吞虎嚥，媽媽忽然開口問道。

「我？」我一面吃，一面含糊地道：「我留戀的是我的學校，我的同學們。」

「家呢？」媽媽的語調中微微有些失望。「你一點也不留戀嗎？」

「家？」這個問題幾乎從來沒有在我的心中引起過注意。我怔了一下，才覺得有些愧意，連忙補充，「家當然也留戀。」

媽媽大概也聽出這並不是我的真實想法，她輕輕地嘆了一口氣，便默然了。過了一會兒，她又抬起頭來問我：「你離開的時候，會不會哭？」

「哭？」我哈哈大笑了起來。「男孩子，怎麼可以哭！」

媽媽笑了一笑，但我覺得好像有點勉強。我不大明白，她實在是怎麼想。

離去的那天上午，我仍在興高采烈地向鄰居道別。自己一邊想着，午飯一吃，我便要出發，橫過太平洋，遠走高飛，留下驚異的他們，心中便覺得過癮。剎那間，我便以為自己是引人矚目的人物，一種莫名其妙的虛榮心便得到了相當程度的滿足。

時間毫不留情地在我的身邊滑走，這「最後的午餐」，一下子就伸到我的面前，我突然覺得心沉了下去。全家圍坐在一張桌子邊，吃的是雞粥。剛吃兩口，媽媽突然掩面而去，我的眼淚一下湧了出來，但卻拼命地忍着，只顧低頭一口一口把粥往嘴裏塞。突然嗆住了，我抬起頭來，正想咳一下，卻瞥見爸爸一邊吃着，淚水卻無聲地流了一臉。

我怎麼都抑制不住了，「哇」的一聲，便衝向洗臉間，在那裏沒命地哭了起來。就在這時候，我才有些意識到，我這一去，就意味着永遠不能再回頭。但在這以前，不知為什麼，我總有個錯覺，以為這不過是一次遠行，去了還會回來。

但，我就像隻斷線的風箏，永遠也回不去了。

爸爸媽媽千里迢迢跑來探我的時候，已經是十五年以後的事情了。這一別，竟會如此長久，當初我怎麼會想得到！

我只記得，那年，當我走向海關時，送行的人們被鐵柵欄隔在一百米以外。我提着手袋，一步挨着一步地走，並且頻頻地回過頭去，往人叢中尋找爸爸媽媽的蹤影。

我終於見到，爸爸和媽媽正在那邊揮舞着手。我的眼淚又湧了上來。我放下手袋，無力地舉起手，招了一招，連再多看一眼也沒有勇氣，便回頭順着人群向前流去。等我想到再看他們一眼時，我的視野已經給建築物擋住了。爸爸呢？媽媽呢？全都看不見了。

就這樣，我便踏上人生的旅途。眼淚模糊了我的視線，心頓時好像給分隔成幾片。

要知道，在那之前，我從來沒有離開過父母的身邊半步呀！

那時，我才十六歲。

2

一整夜，雪就下個不停。清早起來，映進眼簾的，是一片白茫茫的世界。我的心，也像外頭的氣溫一樣，冷到零下二、三十度。

她為我送行，我們漫步在雪地上，一腳踩下去，雪就湧到膝頭上，陰霾的天空中，雪片仍在不斷地飛旋着飄飄而下，輕靈靈的，密麻麻的。走了一大段路，彼此仍舊一言不發；大家都不知該說什麼好，惟恐一句不恰當的話，會掘開暫時還隱藏在地下的傷感的泉源。

竟然到了火車站。竟然到了開車時間。

「這就走了？」她裹着藍白方格頭巾，隔着車窗，問我。

我點了點頭，不吭聲。我知道，只要一開口，我的淚水就會洶湧而來。

「還會來吧？」她又怯聲怯氣地問。

我又點了點頭，儘管心中十分茫然，因為我知道我要走得很遠很遠。

火車猛然顫抖了一下。好像給鐵錘敲了一下，我的心一縮，我看見她急遽地背轉身去，兩滴淚水似乎滴在我冰涼的心中。

在我的印象中，彷彿又一種朦朧的什麼。然而大家從來沒有承諾過什麼，既無言，也未曾示意。

在大雪紛飛中，彼此心裏都明白，這大約是最後一面了。而我不遠千里，來到這邊塞，原也只為說聲「再見」。

3

由南向北，再由北向南。

但，路線已不盡相同了。人的一次來回踱步，想要準確到一厘不差地回到原地，本來就不太可能；何況人生的變化！那五千個日日夜夜，堆積在我的生命中，為臉上皺紋的出現，開了道路。

古都的最後一晚，流洩着令人留戀的柔意。我緩緩地在大街上走着，多少心頭的浪花，又重新在記憶的長河中跳出。

在情感上，他是我的兄長；在事業上，他是我的師長。當我去告別時，他無言地笑着，拿出一堆剛蒸熟的螃蟹，招呼我一起吃下。

淡黃的燈光照了下來，院子裏寂靜一片。我們似乎沒有很多話說，也許，該說的都已經說完了；也許，要說的也不知道應該怎麼說。

「熱愛生活，熱愛人類，熱愛書籍。」這是他對我的臨別贈言，我一直記得一清二楚。它屢屢阻擋了偷懶和退卻的想法，儘管歷盡挫折，我總算還能夠維持這份興趣，直到今天。

今天經過碼頭，偶然見到小販在那裏擺賣螃蟹。我的心啊，不禁又飛到了那淡黃燈光下的屋子裏，飛到了五年半以前的那個寂寞的晚上。

他留我住古都的最後一晚，然而我不能，我還要回去收拾行裝；因為，第二天一早，我便要南飛了。

他送我到大門口，緩緩的說：「再見。」

我知道他是個很灑脫的人，加上多年來慣於走南闖北，他說再見便再見，絕不拖泥帶水；但我仍聽得出「再見」聲中的感傷味道。

我們就這樣分手了。巷子裏燈光暗淡，街邊沒有青青的楊柳，只有一棵棵梧桐樹。那些秋風吹送下的葉子，相互拍打着，悵然地在微帶寒意的夜空中，「嘩啦啦」地響動。

點評

陶然的散文，既有濃重的小説氛圍，也有類似散文詩般輕靈的段落。此文寫別離，三個場景之間似無勾連，但都切合古人一句「黯然銷魂者，唯別而已矣」（江淹《別賦》），此所謂「神不散」，元神俱在，文字就可以隨意流動了。

自得集

09

背負烙印的靜默

訪・顏純鈎

每次在灣仔天地圖書公司見到顏純鈎先生，都感到他的淡定從容，還有他的靜。讀顏純鈎的文和見他的人，常有硬漢柔情之感：高大個子讓人想起他年輕時當造反派、知識青年和鐵路工人的經歷，但他字裏行間的細緻情感、精雕細琢，倒像他說話時偶有靦腆、偶有沉靜。曾讀過他的早期散文集《自得集》，綿綿密密的年華追憶，不時讓人心顫。

許久不見顏純鈎的新著，對上一本已經是幾年前的《心版圖》，那仍是一本記憶和閱讀之書，舊時日的火紅、舊時日的傷痕經過一番番咀嚼，苦澀中多了通達甚至甘味。正如他說：「記憶的好處便在於：它使你生命感覺延長了，豐富了，好像你活過的不止是一輩子，你不斷回去，俯瞰自己的生命，不斷重新領略，甚至不斷修正和哄騙自己，那種百感交集的興味，一定是人生最令人着迷的事情之一。」心的版圖不斷拓寬，沉澱下來的，戰勝了遺忘。就如寫作一樣，也是對遺忘的反抗。顏純鈎的前半生是非常豐富的，足以成為他大多數創作的滋養。武鬥、上山下鄉、移民、情慾的衝撞，都在他的小說中可以見到，彷彿一個揮之不去的烙印。

說顏純鈎是南來作家，但他的經歷很複雜，年幼之時曾在香港生活過一陣子，其實他一九四八年出生在福建晉江的安海鄉下，也算是戰後嬰兒潮一代。他的父親在菲律賓工作，抗戰勝利後一九四七年回鄉結婚——其實這裏有個顏純鈎難忘的故事，「我父親在菲律賓有一個情人，但我們鄉下的習俗是老人家害怕兒子出去後不管不顧，於是家裏幾個女人就把父親的護照扣留了起來，你要結婚生子之後才能再出去。父親唯有留在安海的中學教英語，結婚後生下一對孿生兒我和我哥哥，他才回去菲律賓。父親的菲律賓女友等了他九年，最後絕望了才嫁去了美國。父親講起這個故事自己也覺得很慘。」

父親去了菲律賓就很少回鄉，母親就帶着兩個孩子想借道香港去菲律賓尋他，父親卻不贊成，於是他們只得在香港住下，那時顏純鈎只有三、四歲。住在跑馬地，四歲的他還有深刻的印象，「那年英女皇登基，香港有個大巡遊，軍樂團就在跑馬地操場操練，我從住家的騎樓看過去清清楚楚，裏面燈火通明。」後來母親覺得大陸解放了應該會安定一些，於是又帶着兄弟倆回鄉，「母親一直為此事後悔，覺得那是她最大的錯誤，六十年代她偷渡來香港，七十年代末才能把我申請來香港。」

中學時顏純鈎熱烈投身「文革」，海外關係對他的選擇似乎沒有什麼限制，文鬥武鬥都有他的參與，他當時已經接觸文學，該怎麼理解現實與書本世界的殘酷差異？「安海的黑五類比例是全國最高的。我是當地紅衛兵的頭，安海屬於晉江縣，一九六八年中央辦各省學習班，我就是晉江縣的學生代表。當時爸爸媽媽都不在家，使我非常自由，我就屬於比較早出來造反的那一批。剛開始的時候有人提醒我：你們造反派裏面很多黑五類，其實是在暗示我的海外關係，但我不管，當時心裏覺得是對的就去做了。現在想回來，十多歲的年輕人，一腔熱血想獻身革命，是不顧後果的，造反派當時被壓迫的時候反而顯出自己有骨氣。」

武鬥才是真正使他冷靜下來的刺激，「有一次武鬥，我和哥哥之間有一個同學，子彈就從中間飛來正中他的額頭，穿頭而過，竟然沒死。軍帽脱下了裏面全是血，幸好福建有個軍醫院有最新的開顱手術儀器，那人得以保命。革命熱情就從武鬥開始消退，覺得不是很適合我的性格，武鬥不講道理只講實力，要打人又要被人打，我不禁消沉。」在一次武鬥受傷之後，姑姑帶他離開了安海，他給同學寫信說：「現在已經沒有意思了，這樣搞下去算什麼回事？」誰知這時卻收到電報，要他去北京參加學習班，一九六九年就上山下鄉了。這就是一個作家短暫的造反時期的告終，以後的造反要由文字來延續。

顏純鈎很幸運，他就讀的養正中學有個很好的圖書館，是晉江最好的；他母親工作的醫院也有一個小圖書館，但裏面全部都是經典，中一中二，他已經把裏面的書看完了。「寫作自『文革』始，寫大字報只要是寫比較激情的文章，都讓我來寫。有一次鄰縣的造反派死了，開追悼會，我寫了一篇散文詩，被現場朗誦出來，在場的老師同學都反應很大，這是我第一次感到文字的力量，那是一九六七年。」後來在北京學習班常要寫批判文章，也磨礪了他寫評論的能力，來到香港就在《七十年代》寫時事評論也是有此脈絡的。「毛死後我在《七十年代》寫了一篇〈毛澤東——理想主義者的悲劇〉，當時未有人敢在左派雜誌這樣寫毛澤東的，後來《七十年代》的人告訴我，因為這篇文章被李怡放做頭條，以致於新華社遷怒於他。我很多思想受《七十年代》影響，我再來香港已經三十歲，簡直像什麼都不懂，我帶來的都是『文革』的思想，只能重新用新的思想武裝自己。」

他曾經形容這其實就像經歷了一個「剝魚鱗」的階段，你把身上原來的東西都剝掉，重新做人一樣，清空了才有新的東西進來。「現在看到一些大陸來的作家還用『文革』時代的文字寫作，就知道他沒有經過這個階段。」

一九七八年顏純鈎再到香港，不覺得太大衝擊，最新鮮的事是要坐電梯住二十七樓。

「在大陸時一個上海的工程師好友，他跟我說你去到香港什麼都別做，就去看電影。結果我到香港第一件事就是去了北角國賓戲院看電影，古裝武打戲，叫什麼名字不記得了，就記得裏面有個女星脱衣服的鏡頭，令人震驚。」他在香港買的第一本書也是介紹荷里活經典電影的，全彩色，花了七塊大洋。

來香港前，顏純鈎就決心來香港一定要做報紙工作，正好有一個同鄉在新華社，就介紹他進《晶報》做校對，工資很低只有六百元，從此報紙工作就做了十多年。「幾年後就開始給《七十年代》、《新晚報》、《明報》等投稿，可以寫一些文學性比較強的文章，《七十年代》甚至發表過我的小説。」

顏純鈎的小説讓人想起大陸七、八十年代的傷痕文學，大都和「文革」造成的創傷有關，再加上了移民身份帶來的兩個世界的撕裂、甚至人性深處情慾的痛苦，在當時的香港文壇算是一抹異色。「但當時傷痕文學還未到香港，我閱讀的主要是外國的文學，以及張愛玲、白先勇等。文學觀念的衝擊變化很大。最初完全沒有信心，馮偉才在《新晚報》辦小説徵文，我寫了篇〈紅綠燈〉過去，居然獲選為第一名，隨後就在他那裏發表很多散文和小説。」那時顏純鈎晚上在《晶報》做校對，白天在《新晚報》做編輯，還寫作，很辛苦。「不到幾個月，《新晚報》老總羅孚出事，我也被開除了，只好回到《晶報》。」後來入《文匯報》做副刊編輯，做得並不開心，直到一九八八年，天地圖書挖走了他，才有了今日以出版家著名的另一個顏純鈎。

就像他的小説人物，以來港定居為分水嶺，前三十年的生活經驗與新的世界有很大的衝撞，只好用文字去療傷，「當時對過去的情意結還很濃，也下意識地通過寫作進行一種治療。『文革』太多傷痛，也藉此宣洩和反省。傷痕文學和我的小説是一個路數，比如我寫過一篇小説是兩個人在『文革』中一人把另一人的眼睛打傷了，後來他們都來了香港，傷人者總想補償被傷者，但被傷者卻一直抗拒補償。當時在香港寫這樣題材的人不多。」

很多寫作優秀的移民作家，被界定為南來作家並不一定樂意。顏純鈎也坦言：「南來也不外乎新移民的意思罷了，但大家的生活背景都是不同的，更不應該移民了幾十年還做新移民作家，應該盡量投入香港的生活。最初你也許有一些舊時生活的痕跡，但還應該盡量書寫香港。可惜我沒有見到幾個真正投入香港能寫作香港生活的南來作家。」

但他的寫作能在南來作家中脱穎而出，最重要的是什麼？「可能是因為我有一個階段花了很大力氣去消除大陸文化的影響，有的人沒有經過這個階段，他們帶着大陸的影響來進行香港的寫作；另一方面，我更重視挖掘人性的東西，寫作的深度無非是社會性的深度、人性的深度、歷史的深度這些，我們對社會的思考理解並不足夠，對香港歷史的認識也不深，我唯一能下苦功的就是人性。當時對我啟迪最大的是張愛玲和一些日本作家：川端康成、安部公房、三島由紀夫等。」對現代主義持開放態度，其實也是他有別於許多南來作家的優勢。

「直到現在我還覺得我生活的局限性很大，後來少寫純創作的東西也是這個原因。常年做編輯，接觸的只是一些作家，生活素材很不足夠，對香港的社會現實接觸得也很不夠。寫小説的高峰期是《八方》和《博益》時期，之前積累的東西都在那時消耗盡了。」對於自己的不足，他也很坦然道出。

即使被定義為南來作家，他也和不少本土作家成為朋友，並且出版他們的作品。「本土的東西應該自然存在，不需要強調，問題是從什麼角度反映而已。在香港，很多作家很有潛質，但因為大環境的變化而沒有堅持下來，很可惜，比如辛其氏就是。」他在天地主持出版的最前衛香港文學作品，當是黃碧雲的無疑，「黃碧雲的第一本《其後》和我口味很接近，我感覺是驚為天人，香港還有這樣的文學！她當時還是記者，我們在一次關於紀實文學的聚會中認識。《其後》等幾本書的封底介紹都是我寫的。還有一次她想把《七種靜默》改作《某種靜默》，我卻忘記了，所以最後現在大家看到的還是《七種靜默》。」我卻覺得七種靜默比某種靜默更有力，更激盪，也許這也是顏純鈎理解的靜默。

同時作為一個作家和一個出版社總編輯，看到好作品當然會手癢，他的小說寫作是否還想繼續？「二十多年前就想寫一部關於『文革』的長篇——現在寫好像又是一個過時的題材。想退休後寫，因為到目前為止還真是沒有一部寫『文革』寫得好的長篇小說。一直都在反思『文革』，一直有新的想法誕生，『文革』真是很複雜的問題。」

這個烙印不是每個人都可以經受，更不是每個人願意把他化為自身的一部分，作為「文革」世代的親歷者，顏純鈎的反思，也許是把這個烙印給予民族之殤重新審視的一個可能，這是大苦功，讓人非常期待，那靜默之後的訴說。

老師

中學時做作文，常以「我的父親」、「我的母親」等為題，偶爾老師心血來潮，也會以「我的老師」為題，看學生在筆下如何描摹自己。

久已想以「我的老師」為題寫幾篇短文，因為在我的生命中，有他們生命的延長。

中學時的語文教師是莆田人，講一口不很標準的普通話，花白頭髮，花白的短鬚，除了上課，並不多話。這老師姓陳，名文淡。現在想來，他這名字竟與他的人一樣，一味的低調無色彩，一味的淡泊無爭，似乎也一味的怡然自得，謙恭自牧。

陳老師也兼班主任。他當的班主任並無威行，也是一味的無為而治，選了班幹部，便由他們執政，「有事稟告，無事退朝」，印象中，是開會開得最少的一個。

和這老師接觸沒有惶恐。任你說什麼，他只是嘿嘿笑，點點頭，有時都不知道你說的事他聽進去了沒有，聽明白了沒有，但既然笑而且點頭，也就當他已允准了，照自己想好的做去，而他也似乎永遠都信任我們。

這老師有一癖好，他喜歡作文中的排比句，每逢有稍好的排比句，他就用紅筆批出來，大加讚賞。那時我們也都有點「人小鬼大」的了，也懂得投其所好，大肆排比，以爭好分數。他也不吝惜，分數越給越高，師生合作愉快。

他教作文有兩套方式：一是由他命題，一是同學自由命題。每逢自由命題，他也不批改，將學生分作幾組，互相傳閱討論。由於這樣，班上文風活潑。我們編壁報，為吸引讀者，便學了「五四」時代《新青年》上錢玄同與劉半農「唱雙簧」的點子，在壁報上煽風點火引發爭論。

他來看我們的壁報，也不說話，只是拈鬚微笑，看完了，又默默走了。

「文革」初期大字報鋪天蓋地而來，我們那時年輕，不懂政治的凶險，也不懂做人的艱難，一味造反過癮。

陳老師幾乎是全校唯一沒有大字報的老師。作為一個人，他太好，作為一個老師，他也太好，沒有人認為他該受批判。

運動漸漸開展，陳老師的日子似乎越來越不好過，雖然毫無被揪出來的跡象，但是他明顯地驚惶着。只見他每日縮着脖子走來走去，見了我們，恭敬地點頭，擠出一個幾乎是哭相的笑來，然後也不敢說話，縮着脖子又走了。

只覺他明顯地蒼老了，頭髮蓬亂，鬍鬚蕭蕭地茁長起來。因為平常就不修邊幅，穿着一味破舊，越來越像一個壞人。

那時工作組已經進校了，我們忙於造反，竟不太記得有這麼個老師了。突然有一天，晴天霹靂，陳老師在教師宿舍裏投井自殺了。

我們往教師宿舍跑，工作組已經把現場圍起來了，不讓人靠近。我們擠在走廊口，遠遠看水井那一邊，一些人正在默默地打撈着。

後來把他撈起來了，臨時找了個裝水果的木條釘的箱子，把他塞進去。他們把他抬着走近來時，我們看不見他的臉，他的臉在木箱深處，用一塊什麼東西蓋着。箱子太窄，放不下他整個身子，他兩隻腳懸在箱子外，悠悠地晃動着。我看見他腳上穿的那雙破舊的黑皮鞋，邊角磨得發白，鞋跟斜斜地磨歪了一邊，我才知道他一直這樣歪着腳走路，或者他一直走着一條坎坷不平的路。

人抬走了。我們竟都肅靜着，沒有人流淚，也沒有人喊口號。我看見醬紅色的磚地上，有數行淋漓的水漬，在磚面上暈開了，像他的血。

後來工作組在水井裏丟了好多石灰，說是死了人水髒，我心想，你們有誰比他更乾淨呢？

點評

顏純鈎的小說和散文，很多都涉及當代中國最黑暗的一段歷史：「文革」。作者作為歷史的親歷者，必須保持極大的克制與超越性目光，才能描述清楚，但又必須保持激情和疼痛，才能對得起自己的青春。本文敍述極力平淡，但不時如驚蟄一般出現的細節，提醒我們歷史並不平淡。

10

仍在唱一首低沉的民歌

訪・阿藍

說到阿藍，很多讀者都會知道他曾是一個寫詩的的士司機、巴士站長，因為電視曾經報道，但人們對阿藍的了解也到此為止，工人詩人、藍領詩人，這些標籤貼上去容易，深入分析卻很困難，於是就會有人想當然以為阿藍的詩一定激烈抗爭、或者一定通俗易懂，然而只有阿藍自己知道：工人的詩與學院的詩，依循的是同一個原則，就是詩本身的創造力。

十多年前有一次文學聚會，我聽過一位前輩這樣談起阿藍：「阿藍的悲哀不是在於寫詩的人要揸的士，而是揸的士的人要寫詩。」我當時很詫異，這位前輩一向敦厚，也出身草根，怎麼會說出這麼刻薄的話呢？十年過去後我仍常常想起阿藍的時候想起這句話，漸漸獲得了新的解釋：他的意思也許是在諷刺香港社會階層的壁壘分明，一個的士司機要是想通過寫詩改變命運，難度比一個寫詩的人「屈尊」去開的士要大得多。

阿藍的命運的確沒有因為寫作成名而改變，起碼他生存的物質條件沒有，我只知道寫作賦予了他內心另一個世界，在那個世界裏他是公平、正義與美的主宰，沒有人可以小看他。而且在詩中，阿藍沒有自怨自艾，卻伸出自己本來也是微力的手臂去幫助更多同階級者發聲，為此他還受到過現實的反彈與傷害。

多年沒見，約採訪的電話打通後，阿藍依然滔滔不絕。尤其是我提到「香港作家」一詞，更惹起了他的火——「我覺得香港社會完全不重視文學和作家，你看 Lady Gaga 演唱會門票能炒到一萬多元，他們卻不捨得花幾十塊錢買一本詩集！」後來在採訪中他又提到此事，阿藍憤怒控訴 Lady Gaga 等商業文化的時候，我初還以為是書生意氣，但知道他一生境遇和現況，我完全明白他的憤怒。在香港，一個「白領作家」與阿藍這個「藍領作家」，他們的絕望不過是五十步與一百步之間的分別。

在他工作過的美孚巴士總站見面後，阿藍取出一疊舊照片，一時我無法把照片上英俊甚至穿着有點時髦的青年與身邊已經六十多歲蒼老的詩人聯繫在一起，不乏意氣風發的照片，「六十年代參加時事常識問答比賽，我代表足球組取得冠軍，我既參與踢球也參與問答比賽。」阿藍尤其珍惜一張黑白照，「當時我在電子廠工作，與總經理筆戰，在《工人週報》你一篇我一篇的爭論工人福利問題，他有他的解釋，我有我的立場，最後我被開除了。」

這樣因文「獲罪」的情況，日後阿藍還遇到過，「九巴最初不知道我寫作，我不輕易讓工友知道，但後來我上電視了，電視威力原來這麼厲害，大家都看到了，於是就得罪了九巴——因為我寫了一首〈錢箱更加滿瀉〉諷刺九巴。」這個題材不熟悉內部的人是寫不了的，這是阿藍在九巴工作很久才知道的特性，公司高層知道了這首詩，暗裏一級級地給阿藍施壓，「我不過是一個站長，上面還有稽查、區長、總區長……這樣施壓下來你的工作就不再順利了。我們的力量在現實生活裏是很薄弱的，吟詩是吟不掉的。反而是有些工友因此對你有些尊重了。」

他向我解析〈錢箱更加滿瀉〉的寫作，如何從站長的飯菜生涼切換到辦公室裏有冷氣，是蒙太奇手法；辦公室外面的招牌熄滅了，是象徵手法；結尾處一個玩具汽車裏機械司機不斷轉動軚盤，那是布萊希特（Bertolt Brecht, 1898-1956）的陌生化，以及中國文學的餘音不絕。「我喜歡司空圖，詩的收結應該有餘音。我在自學的過程中整理出一套感覺式的學習方法，領悟的方法，這和司空圖的感性美學相通。」阿藍是草根詩人，但他對詩藝的要求往往不亞於一個精雕細琢的學院派詩人。

阿藍出身寒微，用了一輩子與貧窮搏鬥，這是我毋須諱言的。從政治正確的角度來說：貧寒的生活也許有助於一個作家體察底層生活的細節，就如喬治・奧威爾（George Orwell, 1903-1950）曾流落英倫底層收容所甚至行乞，使他寫出了《巴黎倫敦放浪記》，但如果一個作家長期沒有一張穩定的書桌，精力勞力都用於解決溫飽問題，那又談何提煉生活？阿藍已經算幸運的，他能夠出書、發表詩作，還有更多香港的低收入階層就連一點點的文學夢也做不起，這樣放棄自己的人，我和阿藍都見過許多。在種種不利條件阻撓下，阿藍能堅持到今天，就值得每一個能輕鬆進行寫作的人尊敬。

阿藍出生於大陸，還是兩歲的時候就被抱着來了香港。「身份證上我今年六十六歲，當時報大了幾歲，是生活所迫，家裏連租都交不起，只好小學沒畢業就棄學去工作。因為我父母兩人都吸毒，母親甚至曾經入獄，他們那時艱苦的工作不吃點毒品麻醉自己不行，但一沾上就萬劫不復了。他們辛苦賺來的錢都買毒品去了，哪裏有功夫照顧你？我的大哥已經不再來往，一個收養的姐姐，在她十多歲的時候就被引誘離家出走了，我朦朧中也感到沒有了姐姐，但只是有點不捨得。」這樣的場景，原來不只見於催淚的粵語長片。

那時的香港，貧富懸殊更甚，社會上大部分人都是窮人，「我父親先來香港，母親接着來找尋父親，我有一首詩〈尋夫〉就是寫這個。但找到了，他也養不起這個家，小孩子不懂，越長大越難受，為什麼生活是這樣的？父親住在他幫工的老闆家，僅以餬口，媽媽就做各種雜工謀生，我還記得她早上煮了柴魚花生粥，和我一起帶到工廠路邊賣，賣得差不多就會被人抓走。我斷斷續續讀到小學四年級終於讀不下去了。」

出去工作只能做走鬼的童工，警察巡查就要躲起來，所以後來趁換身份證，阿藍把年齡報大了三歲才解決了這個問題，「其實這樣的情況存在於那時每個窮人身上。」而他們的居住問題怎麼辦呢？阿藍一家連劏房都住不起，開始只能在唐樓騎樓底下圍一圈紙皮來棲身，後來搭到門路，在歌詩舞街那邊的木屋區搭了一間木屋，搭好了又被政府拆，改到大坑渠旁邊的木院再搭了一間。「不知是颱風溫黛還是瑪麗來的時候，我們正在睡覺，頭上的屋頂突然塌了，只好舉家去找父親，父親的東主也只允許暫避一晚。現在想起來，那個時代是會要你隨時消失的——貧窮不止帶來飢餓。」

最後搬進觀塘，當時人稱「紅番區」的徙置區。正巧馬若（香港詩人）也生活在那裏，「我們大家都是街童，不打不相識——一起打過球也打過架。那時踢的球只是紅色的小塑料球，買不起足球。」那個球有一特色就是你總是踢不中它，腳尖卻踢到地面了，所以阿藍他們的球賽總是流血收場。「當時我們各自都已經喜歡文學，進行自修，但只知道對方是踢球打架的街童。相識的契機是，我去社區文化中心看書、投稿，馬若已經加入較著名的秋螢詩社，秋螢邀請我加入——當時的編輯有關夢南、麥繼安、李家昇等，編輯部開會，我和馬若同時進來，互相一看這不是『紅番區』一起踢球的小子嗎？」

「在紅番區，我家還是最窮的，窮得連鐵閘都裝不起，在同層樓裏只有我家如此。當時寫作，只是教心靈不那麼難過，心想我也是寫作的，可以以此宣洩自己對社會對家庭和生命的不滿——為什麼我家窮得鐵閘都裝不起？連街坊都笑話你。」這時阿藍才知道什麼「仗義每多屠狗輩」是騙人的，鼓勵的説辭而已，很多屠狗輩是會瞧不起人的。

做過各行的雜工，二十出頭阿藍始開車，開過貨車、有錢人的私家車、的士，最後在巴士公司做站長。一直寫詩，但也有過多年的中斷，「一九八九年暫停了寫作，因為知道再寫下去，生活就堪虞了！對於一個在草根工作的人來說，你要執着自我，要公平公義的話，就意味着這份工作做不長久。」

「同時香港文壇是一個分黨分派的形式，是根本不值得人留戀的。只要你減少交際，你就是孤立的，你肯交際的話作品水準不夠也不重要，一樣有人賞識。香港文壇比其他文壇更可怕的是，只要不合口味，你就是他敵對的人。這表明了香港文壇的胸襟不及中國大陸或台灣。」彼時文壇的勢利不亞於社會的勢利。

家人亦不支持，亦帶來很多文學以外的壓力。「但我從來沒有以寫作來抨擊家人，陶淵明如此胸襟尚且寫〈責子〉，我沒有，我知道這是社會的問題不是他們的問題。社會一天不好，我的子女只是犧牲者之一，社會上還有萬千犧牲者，我要改善社會那才是根本的。」

坊間著名的《十人詩選》裏有也斯、葉輝，也有阿藍、馬若，他們一起創造了香港本土特色的詩風。「一九七三年我獲得第二屆青年文學獎，認識了葉輝，他是散文組得獎者，我是新詩組得獎者。也斯是我和馬若介紹給葉輝認識的，也斯編《中國學生周報》的時候，我和馬若投稿，他很欣賞我們的作品，約我們一起見面。我們沒有什麼名人、偉大作家的概念，只是渴望交流而已，這樣才能推進香港的文學。假使我不認識也斯，我們的寫作也有相同的趨向，初期我們會使用文言，以為這樣更典雅，後來就發現不合自己的個性，都使用口語，寫日常生活了。再後來又有不同的發展，有人能把文言和口語結合，神話與生活結合，這也是符合他的本質的。但我不需要這樣做，我的風格是喜歡自由，喜歡沒有包袱——學問就是我的包袱，每個影響我的作家和思潮我只取少少便滿足。」

阿藍的詩還有一個特點是強烈的節奏感，來自他年輕便喜歡聽的流行音樂——「但是不俗的流行音樂，如 Beatles、Bob Dylan、Joe Hill 等，我當時在紅番區甚至與街坊們組織過一隊樂隊 Blue Bird，我是鼓手——沒錢買鼓，便直接在自己身體上練習，於是學會了 Jazz 的節奏、靈曲的節奏、搖滾的節奏……所以我學的不是平平仄仄的節奏，而是流行音樂的節奏。而且更重要的是內在的節奏。」搖滾的阿藍，這又是一個與公眾想像的工人詩人不同的形象吧？我卻想起了如今 My Little Airport 等樂隊，也是新一代打工者組成的。

最近六、七年來，阿藍每年只寫兩三首詩，但內容多元化了，少寫了工人生活，多寫了現實其他層面，「如最近寫手機的一首詩，我寫了喬布斯（Steve Jobs, 1955-2011），點出喬布斯本人也不過是一個商品而已。」

「現在的工作我都是做兼職校對甚至速遞等散工，做一天得一天，仍在給居屋貸款供款，我的生活就是用最節儉的方法去生存，別人去餐廳吃飯我則吃十五元的飯盒，在家的話買嘉頓方包，以前吃六塊現在吃四塊，下午則吃便宜的麥片，幾元就一餐。但我一向崇尚 Simple Life，就算我將來有錢，我還是用 Simple Life 的方法生活。」雖然阿藍這麼說，這番話依然讓我很難過。

說實話，我真希望阿藍的生活會好過一些，這個城市即將有「西九」、有 M+ 等等耗資過億的文化項目，而創造文化的人卻依然在生存線上掙扎，我們還奢談什麼香港作家、香港文學呢？

一首低沉的民歌

——寫給工時過長的地方

節日像民歌
一首首唱着
旋律曾在開闊的地方
節拍出翅膀
飛翔到處飛翔
早上的天空下
挖掘過的地盤蓋搭起來
酒樓商店早已營業
工廠的機器隆隆轉響
巴士軋軋開去碼頭
渡輪泊岸湧出人潮
潮聲時強時弱
人們向商業區走去
電梯升升降降
每天開始的市聲抑抑揚揚
高高低低的節奏
這天街市熱鬧極了
當一個節日來臨
民謠不斷唱着

田野流轉歌謠
寒夜中圍着火堆吆叫
赤腳跳躍大地上
想擊拍起原野的回響
長年伐木墾荒的舊歌
調子轉為沉郁
水災後的怨曲
沿河邊半唱半喊
當豪雨又再降下
落到公路交織的市區
一架貨櫃車日夜趕路
碰撞路面失修的天橋
路途長長的震動
水撥用得太久
轉瞬間無力撥動
視野變成一片朦朧
在雨水橫流的門前跣倒

準時上班的護衛員
站崗時間過長
雙腳酸軟跌傷了
大雨打濕磨薄的鞋子
許多道路陷落
假日加班的經紀
按着胃痛趕去會客
一路走一路想着家人
抽不出空閒陪伴
一個單親家庭的兒女
正在夜總會瘋狂跳舞
跳到聲音嘈雜
敲着發抖的雨傘
寬闊的街道
陷成狹狹窄窄
泥濘濕透一地羽毛

一支支唱着
勞動節如流傳的民歌
在很多地方唱得嘹亮
當空中灰塵日漸積聚
混雜嘩啦嘩啦的大雨
遮蓋了整個城市
當紀念的日子到來
雨季十分漫長
超時工作到夜晚
拖着身體行着
地上積水濕滑
腳步聲緩慢起落
像一首低沉的民歌

點評

阿藍這首名作正如其名，充滿民歌的節奏，大量使用疊字和句子的重複，營造出一唱三歎的沉鬱之聲。其對底層困苦的關注並不訴諸激昂的抗議或者辯論，而是用克制的敍述、行板一樣的賦體，流水般從容帶出感同身受的痛和祈願。

11

忘川嬉水

訪 · 飲江

一九九七年，寫作三十多年的飲江才出版第一本詩集，名字很長很奇怪：《於是你沿街看節日的燈飾》，書的裝幀在當時讓人驚艷，機關重重——封面開窗露出後面的「暫作書票」，五百張手作藏書票每張都不同，於是每一本書都是限量版，翻開封底封套的內頁，還能看到三行隱約的字，是飲江母親手書的：「沒有一個永恆的封面/沒有永恆一雙手/要把它打開」……詩比詩集更奇怪，許多明明是日常、浮世繪一樣的題材，在飲江手裏另有一番奇幻在，而且那是一種香港本土舊世的奇幻，令人心有戚戚然，又牽掛着現在。

飲江的詩迷經過了漫漫十三年的等待，二〇一〇年才等到了他的第二本詩集——這是一本「新曲+精選」，題目只多了兩個字：《於是搬石你沿街看節日的燈飾》，繼續衛冕名字最長、裝幀最美的詩集冠軍。封面小窗還在，大了一點，母親的字移到了封面摺頁，變成了「光潔明淨告別不朽」，飲江說這是母親患腦退化症後所書，我卻看出筆劃智慧如弘一法師晚年之字；詩集還多了不少機關，書籤上繫了一個鉛字，也是各各不同，我收得的是一個「戡」字；書心正中跨縫印了一句詩：「我的心掛在樹上（逗留在到來的離別之中）你摘就是」，在封底摺頁再次出現：「我的心掛在樹上你摘就是」，這是飲江最喜愛的法國詩人艾呂雅（Paul Eluard, 1895-1952）的一句詩。

這麼精緻繁複的設計，頗不物似主人樣——我們常常見到的飲江不是這樣的，他給人的第一印象永遠都素樸、沉靜，甚至有點靦腆，非常低調。我們都叫他飲江叔叔，和他同時出道的詩人洛楓、葉輝也叫他飲江叔叔，甚至比他老的詩人崑南、蔡炎培也戲稱他飲江叔叔，因為他太符合我們心中一個叔叔形象了，木訥但是很溫柔，恰是這一溫柔，讓人讀到他詩中那些狡黠、玄奧的奇思妙想時，並不感到意外，而會心一笑。

飲江是土生土長香港人，生於一九四九年十二月二十日。他的詩集裏永遠的第一首〈家常〉，記下的就是他的最早記憶：「大概四、五歲光景吧／那年我病得沉重／一個東莞女人／給我喊驚……我看見我的靈魂／隨同我前生的小書友／到忘川嬉水」。他住於荷里活道、上環一帶，日後搬家也不離上環，直到前幾年退休才一下子搬到了坪洲。飲江十多歲因為喜歡看武俠小說開始喜歡閱讀，十四、五歲時「開始看一些言情的、沉靜一點的雜誌如《當代文藝》，我並不是因為喜歡文學而去看，而是那是唯一能看到能令我覺得有趣的文字。」當時飲江已經出來工作，僅十二、三歲而已，碰到什麼就看什麼，就此閱讀了大半輩子。「因為長大後對這個古怪的世界產生好奇，文字帶來一些幻象，也是比較吸引的，相對於當時沉悶的現實——因為我的生活圈子很小，這也是一條逃離自己的通道。」一九六二、一九六三年時香港的社會矛盾還沒有後來暴動時期的激化，一九六五年開始，受天星加價、文化大革命等的影響才變了。飲江也慢慢改變，正如這首〈家常〉最後所說：「後來呢，母親／後來你批判社會／我們遠遠看着你一天天／痊癒了」，病的不是飲江，而是社會。

一九六五年，他買的第一本書是《泰戈爾詩選》，也接觸到《當代文藝》，「力匡、徐速的詩是很容易模仿的，於是就試着模仿着寫。」後來受「文革」影響，飲江思想左傾，對社會更加關心，「開始把自己想講的話用詩的形式排列——這是我對世界的另一種關心」，他曾經在古蒼梧的《盤古》投稿，筆名就是飲江，那是一九七三年。更早的，是在《伴侶》半月刊的詩園地發表，「最早的詩內容多是對社會變革的關注，有很多情緒看法像一團東西一樣爆發出來，可能受艾青影響，寫的是『我將被燃燒／我將有光彩／我將有爆炸的聲音／歡呼我的再生／我的歌／有最大的感激／感激火／和給我以火的人』這類的詩。」

何謂「後來你批判社會」？這是我對那一代人最大的好奇，飲江說：「那時對將來的世界、可能的世界有一個幻想，由左派思潮而來，左派思潮對我的最大影響是：覺得世事可為，世界上的事情都與自己有相關的，應該有更好的社會、更好的制度、人與人的關係。我沒想過文學能做到這個改變，我沒有職志去做，只是有東西要說。完全沒有想過這樣做能影響整個變革。我只是嚮往一樣東西，而它（文學）與我的頻率接近。」那一年飲江的工作是在中環送外賣，「土製菠蘿」（炸彈）沒有影響他的工作，反而總讓他想要去靠近這種危險。「一九六七年後的幻滅當然有，但我沒有直接投身進去，比較疏離。之後回想覺得複雜，當時只是從認同到不認同的過程。我想我現在都沒有離開左派思潮，只不過形式變了，以前是很想靠近它但沒有歷史的機遇進入，現在不一樣。」「其實是否可以說你是憤世而不嫉俗者？」「都會有，總是想：應該要出現的好的東西為何要這麼艱難才會遇到呢？」這是飲江不變的執着。

後來，他沉思存在，詩中的玄奧漸多，甚至讓人懷疑他是基督徒詩人。「對存在主義和神學的接觸是八十年代的事了。我不是基督徒，詩中表現的是人對終極的關懷，人的限制和人的實現都是我關注的。」「但你對犧牲、神跟人的關係等思考得比一般的基督徒還深。」「我不算一個很嚴肅的人，但接近一樣事物就不容易繞過去，就像氹氹轉一樣。有一樣可能是自己比較乖巧的，就是覺得人得罪神是沒所謂的，人同神爭論是沒什麼的，我只不過這樣想：得罪他人，他人怪罪於你，是應該的，而且是會的。但你得罪上帝，上帝怪罪於你，是應該的，但上帝不一定會。所以多少有些放肆。『上帝說，你對人有足夠尊重，就可以跟我說笑，就可以跟我爭辯。』當我這樣說，我只是返回我的街童歲月，有韻無韻的塗鴉。上帝愛世人，甚至愛世人的塗鴉，當他們是孩子，當他們願意是孩子的時候。」仍能以孩子的輕盈去思考沉重的神，那就是詩人。

但飲江的詩裏也有很多世俗東西，他說他本身就是世俗，沒怎麼想世俗在詩中的位置。「正如我聽西方音樂，Beatles 的影響我們是通過粵語歌『行快的啦——』去接觸的，好坦誠。」所以世俗與他的詩無矛盾。七十年代他作為一個工薪階層進行寫作，在工友和家人眼中也並不顯得古怪，「我是隱形的，他們不知道。家裏知道，但我不會影響他們。他們只是都知道我怪一點，喜歡的東西同他們不同，可能沒滿足他們一些東西，但也都沒阻礙他們。」他也沒有在寫作成名後想轉換工作，做那些與文字有關的工，皆因他的性格，「我好少想自己的事，好早就不為自己想成為什麼而奮鬥，這可能是壓抑，可能自己本身沒有這樣的裝備，也都沒有特別的東西吸引我去努力……」

他又不像其他工人出身的詩人如阿藍等寫工人題材、環境、生活等，他只是若有若無地接觸到這些問題，飲江做了三十多年的技術工人，幾乎與寫詩的詩齡一般，「務工歲月作為自己的生涯，當然可以用很私人的故事遭遇去講。但從我有意識時起，就令自己的氛圍大點，其中一個考慮就是：物化的世界、異化的世界，以及人的沉淪，如何靠自己去擺脱，擺脱又如何。被公共抽象的問題籠罩，所以我的詩很少很具體寫及工人生活，細節也很少。我沒能擺脱這，亦都安於此，不想去擺脱。」

七十年代他並沒有結識寫作上的良師益友，只是默默學、默默寫。「我是寫了十幾年然後才有所謂詩友，我比較內向，他們是讀書人，我不是讀書人，關心的 term 不同。」一直到他獲得工人文學獎和青年文學獎，參與創辦重要的詩刊《九分壹》，「工人文學獎評判是陳汗、蔡振興，陳汗說：『我好鍾意你首詩』，他那時在辦香港青年作者協會，會出一本詩集，很想收入我的詩，請我加入青年作協，在青年作協認識了一些人，也有成為好朋友的，但不算密切，因為我是一個好的聽眾，但不是好的交流對象。」《九分壹》詩刊一九八六年創刊，「洛楓和吳美筠兩個牽頭，找我一起參與，林夕是我們開始討論創刊的時候認識的，在袁可嘉訪港的演講會上，林夕是洛楓她們的同學，他當時研究歌詞，辦了一份研究歌詞的刊物。我們四個人就商量一起辦一本詩刊。一直辦到一九八九年，辦了一個六四特刊就停了。」

他的詩風也漸漸成形，其中有弔詭，是非邏輯的，貌似西方哲學的詭辯，但又像東方禪宗的無理頓悟。表面幽默的詩歌中卻有絕望、虛無感隱藏很深，這是我私下的感受，但這從何而來？「到底詩歌是拯救還是承認絕望？是溫暖的安慰還是與宇宙的漠然抗衡？」我拿這一直困惑我的問題問飲江。「我覺得達觀的就是生命本來如此，如自然的輪替一般，從何來即從何去。你說在超越的過程中能感到一種難受？也許正是因為有這種難受在，才不會覺得輕巧。」

「又因為我成長生活經受的，好多時，我都把它當作『唔算好采』而已，並不以為不幸，所以較能隨緣隨意，聽之任之。唯有意識『不幸』，自己和他人的不幸，『無辜者的不幸』，才可以言深刻，才可以言拯救。這是我常常在你的詩，你的文字裏看到的感到的，也是遭遇薇依時巨大的震撼。我知悉翳獨我無的『重負與神恩』。但也不完全是，所以我也有我的狡獪，或者就是你讀到的所謂的悲哀悲傷。」

這就是這貌似純樸但又複雜深奧的詩人飲江，更珍貴的是他並不刻意為此，仍存乎那個在新填地玩鬧忘返的頑童之心。就像現在，有人羨慕他在坪洲的生活是隱居，他說：「我沒有隱居的理想，我很簡單，不預設自己的生活，只是想認真多讀書，多聽音樂而已。我有度過自己生活的方式，有時去思考這個世界，有時是去擾亂這個世界。」

即使「飲江」這個豪氣十足的筆名，也只是在他偶然看到的一首詩的頭一個字和尾一個字連結而成，「純屬偶然、得意而已，沒想引發別人想像。」生命或有悲哀如忘川總教人耿耿於懷，他卻選擇在忘川中和小朋友們嬉水，嬉水還不止，他們還要「變成魚／捉來捉去」——這是飲江最喜歡的一句兒童詩，收在他第一本詩集的結尾。

陰謀不沾染世界

作為陰謀家
活在
沒有陰謀
這世界

其苦
可想
其樂
可想

作為陰謀家
陰謀不沾染世界
其樂可想
其苦
可想

親愛的
你就是
那個
可想

點評

充滿無理之妙，玄之又玄如禪詩，但又用童心和古道熱腸把詩句拉回人世間，那就是飲江。這首詩處處顛覆語言和邏輯的習慣，處處出人意表，但最後一句的轉折，充滿柔情，讓這首短詩可經百遍琢磨，這豈不也是人世令人貪戀之牽掛、可想。

樂文
書店

12

七十年代就寫微博的人

訪 · 淮遠

聽說我要訪問淮遠，文學青年和文學少年們都吃驚：「他竟然接受採訪？」我也很吃驚：「為什麼不接受呢？淮遠也是人。」在不少追求獨特文學品味的人心目中，淮遠是一個私有的神——至少也是一個私有的仙人。他和他的著作名稱：《跳虱》、《鸚鵡鞦韆》、《懶鬼出門》、《賭城買糖》……都成了文學地下社會的切口或通關暗號，說出來就證明了你對香港文學最精華的一部分的熟稔。我當然認同淮遠是香港文學最精華的一部分，而且至今沒有人能取代他特殊的存在。但同時我又覺得淮遠並不是那麼怪，在那個通過冷峻的自述狀塑造的惡童、竊書賊、滿口驢頭婆子之類的罵人話的壞脾氣怪叔叔之外，還有另一個淮遠。

他的詩〈風〉裏寫道：「風說這樣下去沒有意思／人們比骨頭還要冷。／／我說來吧／我很熱。／／風從我身上穿過／打了一個寒噤。」——這也是淮遠，你分不清他的冷熱，比風更冷，比熱更熱。類似的弔詭充斥他的詩和散文中，但越來越淡、越來越不動聲色，叫讀者不知所措，有時你會把他的熱也當作了冷，把他的冷變得更冷。但當淮遠笑瞇瞇地坐在你前面的時候，你不禁浮想聯翩，甚至會穿越他外表的樸素去想像他應該還沒寫出來的青年風流；而當你重讀他那些不厭其煩描寫旅途瑣事的碎碎念……你又不禁想像這個叫淮遠的叛逆前輩，也有滿目山河空念遠的時刻。

那麼說他還是怪，但是一種自然怪，自然而然成為了怪的載體的一個不那麼怪的人。他不掩飾他的怪癖和「不道德」行狀，好像這是理所當然的，也許他是一個極致的文體家，用這些刁鑽的內容來反襯極其儉省的筆墨，以使極簡主義也能令人費盡心思……於是他「不覺意」之間成為了最前衛的散文實驗者。

讀淮遠的散文，常常看到他的親戚出沒，因為他有一個大家庭。「我六兄弟姐妹，兒子之中我是最大的。家族本身就多人，又開農場，租了十萬呎，聘了很多工人，早上要敲鐘叫人吃早飯。童年記憶都是關於農場，從小就要幫忙養雞養豬，主要是捉雞，捉着讓爸爸打針。住在屏山，成長環境與很多同代香港人不同，我是一個典型的鄉下仔。」但他寫到農村生活的時候卻沒有什麼田園浪漫的懷念，「比起很多人來說我很幸運，空間很大，能接觸到自然，能在農場裏放風箏。之所以沒有緬懷是因為覺得太理所當然。我覺得寫自然很難寫，小時候印象很深的是一本今日世界出版社翻譯出版的美國小說《原野長嘯》，讓我覺得難度很高。」

而親戚也不是可以亂寫的，比如說淮遠的姨媽和姨丈是內地駐澳門的高級幹部，官方的耳目很厲害，七十年代中淮遠在《星島》有一個專欄寫到他們，很快就傳到他們耳邊，「他們通過我母親叫我停筆，我很不忿，但想及無謂連累他們於是就沒寫了。」一九六九年淮遠跟母親回老家清遠，接觸他的表弟表姐都是紅衛兵，他就被他們罵臭知識份子。那就是淮遠的十七歲。他的父母並不覺得他是個怪人，「他們知道我寫作但未必會看，我另一樣事情分散了他們的注意力，我的升中試被分到很遠的鳳溪中學，我只好自己去找學校，培正只收十個，我去試一試結果考到第十。忽然出市區讀書，生活變動甚大，頭兩年只好寄宿。」

「我看見一群跳虱攀附着風／風說我不想帶着塵埃旅行。／／風說得對／事實上跳虱和塵埃一樣／但它們說：／／我們想你吹掉／我們身上的塵埃。」——淮遠他寫於六、七十年代的短詩非常精彩。他中三左右開始寫詩，投稿給《蕉風》、《當代文藝》便獲發表，因此才繼續寫下去。寄宿帶來的城市生活衝擊是開始寫詩很大的因素，雖然他開始寫的都是「落花滿野、黃葉遍庭」之類文白混雜的句子，筆名竟然叫「旭逸」。

開始時他寫長詩，「首先是喜歡文字遊戲，有這樣的平台來玩，能融會很多人的風格，另外開始在《中國學生周報》投稿，吳平編『詩之頁』，稿費的原因令我把詩寫得很長，但也試過寫一百行的詩被他刪成二十五行。」淮遠真正與眾不同的是他的短詩，「寫短詩這一行為受邱剛健影響，他的詩是用說話的語言，翻譯東歐的詩也很直白。他有一首詩講越戰在《明報月刊》發表在左派陣營引起很大迴響。」淮遠甚至還能背出這首詩，「邱剛健先生早上起來刷牙……他旋開水龍頭，水都是紅的，在越南一個美國大兵被人砍掉頭……我覺得詩也應該很直接，直接寫腦中所想，不須鋪排，於是開始寫短詩，登在《羅盤》。」

淮遠寫詩，跟他參加創建實驗學院的詩作坊有莫大的關係，這個故事已經在許多關於創建的回憶中提及。但更神奇的是他在一九七〇年、會考前加入日後鼎鼎大名的《七十年代》做編輯。「那時我跟創建那班老友黃子程等，整日喜歡在巴西咖啡店『打牙骹』，有一天吳仲賢過來就說：誰是淮遠？我說是我，他就說你同我們編文學版吧，我們有份雜誌《七十年代》。我不會深究那份雜誌到底是怎樣的，大家後生仔，不用遵守任何東西，總之是任你怎樣做，都可以自由發揮，也不會有人在背後指指點點——那時我中五，穿着中文運動的T恤，外面罩一件白襯衫，在學校上黑板寫字，同學在後面看見就指指點點。」

太年輕就參加已經熟透了的革命，未免有攀六十年代車尾的感覺。「其實六十年代音樂比其他東西更惠及我，文學藝術、社會思潮對我衝擊反而不大。喜歡 Bob Dylan 的歌，會受他的歌詞的影響。」另外的營養，當然是得益自偷書——淮遠偷書已經名留文學史。「我偷書時不分年代流派，只要喜歡就拿來，所以看了很多攝影書和畫冊，也認識了不少攝影師朋友。而且《七十年代》畢竟是一本地下雜誌，他和外國很多雜誌有交換交流，所以我也可以看到很多外國的前衛雜誌。」

中學時代的憤世嫉俗，淮遠說那其實是一種無以名之的憤怒。很多六十年代的過來人都有面對理想主義破滅的困惱，淮遠因年輕和超脫而除外，「我很幸運沒有學運老鬼們的矛盾。『六七暴動』的時候我還在讀中學，只不過是多了一項娛樂：放學後去看人拆炸彈，不怕死。吳仲賢和莫昭如他們也許知道正在發生什麼事，我是不知道的。我和他們成為好朋友，比如說岑建勳，都是因為做人方面比較合得來，而不是一種政治觀念的認同，我們的共同之處就是對建制的所有東西都很憎恨。《七十年代》是一個竇，很多不同的人出入。」

後來他在樹仁讀大專，開始寫淮遠風的散文——其實他的求學經歷就是一篇淮遠式的散文：「我中六因為體育不合格——因為我不喜歡換衣服，儘管我體育很好——所以不能畢業，去浸會問他能不能免試收我，他說不行我就走了；接着去珠海書院，因為我長髮披肩，他問我是男是女，我說你收不收我不要管我是男是女，於是不歡而散。最後去樹仁，它在一間別墅裏，我覺得很棒，我拿着會考成績去問：你覺得我不用考試就能收的話我就來讀，結果它收了我。長頭髮沒有遇到麻煩，因為收我的不是校長鍾期榮，直到我入學了，有一天在校園內碰見鍾，他問我：誰收你進來的？」

淮遠的散文像小說，尤其像後現代的美國小說，但他又不寫小說。「之前我喜歡敍事詩，但覺得敍事詩的篇幅、方式不是很足夠，我喜歡寫長詩，看小說多了覺得可否寫相類似的，就開始寫〈他人之血〉那些長篇的散文。我不擅長寫虛構，覺得自己生活中好多事喜歡記錄，覺得有意思的，所以沒寫小說寫長散文。其實《鸚鵡鍬鞬》這本書裏面有一篇是假的，其他都是真的。」

「我寫這些文，好多時靈感都來自小說，馬奎斯小說我沒看過，《百年孤寂》我只看過一行。我喜歡的是索爾．貝婁，尤其是那本《雨王亨德斯》我看過好幾次，我對那些描寫離經叛道人物的小說特別喜歡。《雨王亨德斯》那本書是講離經叛道的憤怒中年，社會陰暗面。」《鸚鵡鍬鞬》被大家視為淮遠最重要的作品，二〇一一年還剛剛出了復刻版。它的獨特之處倒是知人不多——不只是它的憤世或激進，「《鸚鵡鍬鞬》同其他幾本散文集分得好開，它其實是一個青年的少年童年生活回憶錄，之後這個青年就開始喜歡旅行。」所以就有了《懶鬼出門》、《賭城買糖》這些非一般遊記。

這些遊記得來全不費工夫，「八十年代初我的工作賺好多錢，我樹仁畢業後就去商台，做了五年，人家找我去港台，港台的待遇當時全港傳媒最高。」有了閒錢只有旅行打發，「好多人不去的我都去過，比如伊斯坦堡。我喜歡一個人旅行，沒有人妨礙。旅行寫日記更加頻繁，瘋狂得口袋裏都是小紙片，事無大小都記下來，夜晚在酒店整理。回來再整理，發表。」這簡直是李賀「騎距驢，背一古破錦囊，遇有所得，即書投囊中」的典故了。

淮遠的遊記就記他覺得值得記的，而不是像香港那些所謂名筆的遊記那樣記着吃了什麼好東西、哪裏風景漂亮，「這些我覺得不需要我寫，我也不擅長寫，我寫東西好少做兩樣事情：抒情和描寫。我慣了敍事。敍事一路都不會悶、都吸引我，而且怎樣將事聯繫到一起，人家可能覺得很雞毛蒜皮，但我不寫我不記得嘛。」現在日記在淮遠的旅遊裏沒那麼緊要了——因為他六年前結了婚，有人同遊。

有時我覺得淮遠的散文簡直像私小說，或者讓．熱內（Jean Genet, 1910-1986）的《竊賊日記》這樣的自白小說。「我記得那時發表了〈他人之血〉之後，朋友說差人可以憑這篇文來（拘捕）拉你。但我寫東西不講對錯，發生了就寫出來。比如偷書，你爭論一百年都沒結果，現在這麼多年我都從來沒有回頭審視那時對不對。」

說回大家津津樂道的淮遠的怪，他也聳聳肩，「我覺得他們只看到我的一方面，那一方面是最容易講出來，最易引人注意的，如怪。年輕讀者他們應只看過《鸚鵡鍬韆》這本書，沒怎麼留意另外的書；關夢南會覺得我某個時期是好看點、真的、激的，但其實那是我少年生活回憶，我只不過如實寫出我少年發生的事。其實後來那些也是我的生活，許迪鏘認識我比較多，就不會只覺得淮遠好怪。」

「寫得怪只不過是其中比較片面的一點。很多人覺得我現在不再怪，不再有價值，我覺得他們看到片面的東西，其實我表達方式一直都沒變。」是的，現在淮遠寫微博，關注他的「粉絲」不多，他卻更自得其樂一條條地寫着，風格比以前好像更含蓄更儉省了，微博簡直就像為一個更濃縮的淮遠而設，「其實我的理想是就寫二、三百字——微博稍微短了點，我初時想着寫二百篇微博就算數，在六十歲時出本書。」

如果還是要說他怪，那就怪他在七十年代就開始寫微博吧。

癬

地球原是一個
好端端的頭

直到細菌
在它上面
鋪設牠們的文化
留下難看的疤痕

地球轉動
因為它很癢

點評

典型的淮遠式「刻薄」，對現實的「憤世嫉俗」經由一個宏觀的視角處理，巧妙的構思來自逆向思維：從物理現象（地球自轉）逆向推導、加以擬人的幽默想像，順序倒轉建立起鮮明諷刺的形象。

13

趕馬入紅塵

訪・葉輝

初識葉輝，都會馬上認同後輩給他起的「文壇北野武」的雅號，這一是指其造型行事有大哥風範，二是指其在傳媒界和文學界混跡數十年，惹人猜想其「江湖地位」等等。但實際深交下來，細讀其詩文，會發現那是一個非常細膩柔情的情感豐富者，不只是銀幕硬漢那樣的類型片大哥——不過誰又說北野武內心不複雜細膩呢？

十多年前葉輝的好友也斯，在《十人詩選》裏對他的詩的形容如此：「葉輝的詩流露出對生命的熱愛，有某種叛逆的不馴、溫文背後的粗獷、惡作劇的幽默。」十多年後，葉輝以筆名鯨鯨出版了唯一一本詩集《在日與夜的夾縫》，更多了粗獷背後的溫柔，幽默以弔詭的文字迷宮形式出現，不變的依舊是對生命的熱愛——其實算上他暢銷的美食文章、以書話針砭時弊的《書到用時》系列，可以說是對紅塵的熱愛、癡迷在驅使這些文字滔滔。

葉輝的爸爸是廣西合浦人，媽媽是廣東順德人，兩人在湛江遇上。「他們一九五〇年分別來香港，在港重遇，一九五一年結婚，一九五二年就有了我。」父親曾做長途巴士運輸，因為伯父而來港，香港沒有長途運輸，爸爸就跟伯父做西廚，他們三兄弟都是做廚師，葉輝小時候做暑期工都是去廚房幫忙，想必這對他後來喜歡做東西吃，繼而寫美食影響很大。

他小時候在筲箕灣一條山村長大，「那時的筲箕灣很窄，裏面是山，中間一條電車路，外面就是海。現在山沒有了，那是石礦場山，山坡上分佈了十多條村，我就住在馬山村上面。」彼時所謂的新移民在五十年代大量湧至香港，無處落腳，就與當時山上那些所謂住了一兩代的原住民融合成為了一個新社區。五十年代後期太古船塢修船，筲箕灣靠山吃山、開山填海，成為今天這樣子，馬山村的記憶都寫在葉輝的一本暢銷散文集《煙迷你的眼》裏了。

葉輝十一歲左右，整條馬山村拆了，只得搬去油塘灣徙置區——「大概『六七暴動』前後，在油塘灣有很多工會的青年中心，裏面的娛樂包括康樂棋與乒乓球，這兩個我都排不上隊，只有閱覽室是可以去的。」就是在那裏——這真是冥冥中注定，他從來沒有發覺自己對文學有興趣，但在那裏看到一本何其芳的詩集，那些「銀鈴的笑語」對於一個十多歲少年產生了奇妙的反應，「朦朦朧朧不知什麼回事，然後就是不滿足，乾脆到翠屏道公共圖書館找詩集看，結果發現了多一本馮至早期的詩集。有幸起點很高，後來接觸到徐志摩就覺得不如何其芳與馮至好。這就是所謂你開始時接觸什麼，你就會變成什麼吧。」

從此開始他的寫作生涯，「文學圈的老朋友最早認識的是黃襄，我們一起在左派的《青春週報》投稿，接着參加第二屆青年文學獎，我是散文組的得獎者，認識了新詩組的得獎者阿藍。《中國學生周報》我也有投稿，但當時的主流作者是鍾玲玲、戴天、西西等，都比我大一輪，直到第二階段也斯當『詩之頁』的編輯，他便在一大堆被淘汰的投稿裏找出一些如康夫、我、阿藍、馬若的詩重新刊登」，這象徵了新的風格，這些年輕詩人也就是後來《十人詩選》的作者。七十年代初期這些左翼思想的青年和那些自由主義思想的青年，竟由文學縮短了距離。「這是完全從生活出發，與台灣現代詩完全不同的詩歌。這樣發展出來的香港文學，重視在地性，強調生活，也有受西方現代性影響，與傳統左派把文學作為表達社會意識的手段，也完全不同。」

葉輝很小就立志以寫作謀生。「讀中學的時候我就發覺各處的稿費加起來每個月就有一、二百塊錢，比去做補習和打工強。當時作為大廚的父親月入也就四、五百塊錢，我的稿費不但夠自己零用，還能幫補家庭。記得當時有一份色情報紙《香港夜報》，找人翻譯一些外國的情色和驚險小說，當然還要改編到香港的情景，八塊錢一篇，一個月稿費就有二百三十元，比上班還好，後來才發覺，這篇東西是別人二手判給我的，原本稿費有十五元，那中間人竟然每天抽走了七塊錢——我一知道就不寫了，母親教訓我說人家給你賺這八塊錢就不錯了，但是我畢竟是左派思想影響，有一個朦朧的意識覺得這就是剝削，所以即使現在回頭再想，我也會不接受這樣被剝削寫稿——如果你從小就接受這樣的東西，長大後你就什麼都可以接受了」，所謂「是可忍，孰不可忍」便是如此吧。

「一九七四年我的第一份專欄在《年青人週報》，感謝一個叫樂仕的編輯，他很自由開放，每星期隨你寫六百字還是八百字他都照登，寫社運工運他歡迎，寫電影還是音樂都歡迎，這種自由度現在罕見。這個專欄是我第一個固定收入，我的第一份工作是在《青春週報》每天上幾個小時夜班，白天替人補習和寫專欄。」關於爬格子生涯，葉輝寫過一首從未發表的長詩，是仿效蘇聯詩人馬雅可夫斯基寫的階梯詩，叫〈爬格子與煙屁股〉，意即格子是需要爬滿的、煙灰缸同時也被煙屁股填滿了。「詩中說，當這個格子未能爬滿的時候，就只好劃一條對角線，用圖來填滿，但沒想到不幸言中，這種方法如今成為常規。」

他最高紀錄一天寫六個專欄：一個馬經、一個編譯外國小說、一個《星島晚報》專欄寫了十多年、與也斯等合寫兩個專欄、還有一個寫荷里活影星文化的。寫稿不難送稿難，那時沒有傳真沒有電郵，只好全家總動員，把每份寫好的稿捲成圓筒，寫上報紙名排放在茶几上，讓兒子幫他送稿。「幸好那時報館比較集中，《星島》、《信報》、《成報》等都在北角，只有《新報》稍遠在西環。兒子每天從觀塘到北角送稿，後來《星島》搬到了更遙遠的荔枝角，兒子就慘了，有一次坐車送稿到荔枝角，下車才發現把稿子遺留在車上了，他焦急地給媽媽打電話，媽媽說不要慌，又不是丟錢包，丟了稿子絕對沒人拿你的，教他在巴士總站一輛輛可能坐過的巴士上找，終於找到了稿子，是日專欄不用開天窗。」

「一九七五至一九七八年我和陶然、古劍一起做《體育週報》，那時代雜誌比較多元化，體育、攝影、音樂雜誌都有生存空間，現在很少了，我們即使編體育雜誌也放進去很多關於體育文化的分析、文化史的記錄。七十年代的報館文人生活與《酒徒》時代的報館文人生活的異同。我看《2046》也頗有感觸，頗有相似，但畢竟時代與團夥都不一樣，五十年代的實際情況與酒徒的孤絕並非一樣，那些南來文人、上海幫其實很團結互相照顧、相濡以沫，互為編輯、互為作者，所以劉以鬯先生才有一天寫十多個連載小說的可能。到我們這一代就不行了，太年輕沒法掌握報紙權力，也沒有這種鄉土鄰里的觀念。」電影裏看見那時候的文人一方面貌似窮困潦倒，一方面又非常風光左擁右抱出入夜總會。「他們不是我們想像中的落魄文人，也許他們困居旅館，但也保持西裝革履的派頭，寫稿也要找一家酒店去寫；我們宵夜是喝啤酒，他們宵夜是喝威士忌的。但這些上海佬對香港仔是很不錯的，比如劉以鬯先生對也斯和西西很好，在《信報》給也斯寫八年專欄，而《星島》的董千里先生讓我寫了十四年專欄，純粹出於對你的欣賞，因為這裏面沒有任何利益可言的。這是他們的文人氣質，他會尊重另一個文人。」

除了編報紙雜誌，葉輝更滿足於編文學雜誌，如編《羅盤》。《體育週報》在旺角彌敦道有一個小單位，全部人約在那裏開會，包括西西、也斯、何福仁、康夫、靈石、黃襄等十人，「大家都喜歡東歐文學，報社樓下是辰衝書店，淮遠常在那裏偷書，還問我要不要。店員雖知也不管，另一家藍天書店則不然，裝了電子鎖，一發現有人偷書就上鎖，你要寫下悔過書才能離開，否則報警。悔過書貼在書店牆上，不少是文人所寫。」

另一份難忘的是《大拇指週報》，「《大拇指》是《中國學生周報》之後，張灼祥、杜杜等去辦後者的代替品，《大拇指週報》靠蔡浩泉的廣告公司的小型印刷機製作。我是《大拇指》第二代至第三代初的編輯。」《大拇指》著名的是曾編發不少大陸青年詩人的作品，葉輝他們得以與同代同行有最直接的交流。「因為四川詩人廖希來港，介紹我認識了一批四川現代詩人如歐陽江河、鐘鳴、萬夏等。顧城的詩則是古劍推薦而來，一看甚好，還把第二屆『大拇指詩獎』頒發給他了。」與國內詩人的交往之趣又是偷書，「在成都逛書店，書還沒買，他們讓我出去茶攤開個茶位等着，一會兒他們就回來從大衣裏取出一套套的書，除了我想買的還有他推薦給我的。他們都是懂書的雜學家。」

「新詩發展不過百年，談什麼名氣地位都是浮雲。如果我沒有寫〈在日與夜的夾縫裏〉這首關於『六四』二十周年的詩，我不會出版這一本同名詩集。」葉輝這樣解釋為什麼寫詩數十年只出一本詩集，「而且，這也是紀念我移民美國二十年。我知道我一定會回來香港，我在波士頓也做過一些傳媒工作，始終覺得不如香港有挑戰性。移民不過買一個時間的保險，給下一代多一個選擇而已。」

現在葉輝每年回去波士頓一次，「那是一個很適合讀書的地方，那白雪茫茫的幾個月你除了讀書簡直無事可做。」大量深入的閱讀以及對人世的了解熟稔，呈現為在《書到用時》系列裏在書本與現實之間的出入自如。「人必須明白寫這樣的書評不同於寫詩寫散文，它的輸入與輸出有關，你的記憶裏必須有很多本深刻的書，看到不同的時事就能輕易地拈出一本相關的書來談，寫詩寫散文是從自己的人生經驗裏取材。」

「一夢繁華覺，趕馬入紅塵。」那是十多年前的一晚，葉輝在當時的「六四酒吧」對我說的，我記憶甚深，因為詩句裏的矛盾：覺悟後並不離開，反而要趕馬而入，那對紅塵的愛恨該是何深？「不記得這是出自哪首唐詩了。我讀過印象深、喜歡的文學，都是散步文學，第一本打動我的就是宗白華的《美學散步》，因為你只有在散步的閒暇中才能發現事物的美。亦可以解釋為本雅明（Walter Benjamin, 1892-1940）的都市裏的遊蕩者，你只有留空一個閒逸的心，你才能放得進去那些你在自然在山水在城市裏美的發現。」放到葉輝身上，他的詮釋也簡明：「我既不是要做一個大學問者，也不是要做一個大詩人，我覺得我是要做一個舒服的作家，不但自己活得舒服，也要讀者讀得舒服，我不是那種要人拍案叫絕的人，不過是在這紅塵世間閒逛中發現了一點東西就想和大家分享而已。」趕馬於他如散步，如此從容，紅塵如此可戀，不覺也可以，就那樣一夢下去吧。

我們的頭顱這一天終於淪陷了

我們的頭顱
這一天終於淪陷了
每張臉孔的下游
都覆蓋着一方
小小的白旗

瘟疫時代的愛人同志
都不戰而降了
任由感情的版圖
從此分裂
成南北兩半

任由病毒與謊言
在北方割據
只開放發炎的眼睛
借遠方的戰火
往來藥房和殮房

南方倒是偏安的
鼻孔和嘴巴相濡以沫
在同一屋簷下
互相呼吸吞吐
彼此的嘆息和口吃

點評

對 SARS 時期人的狀態冷靜審視，帶出不無荒誕但又深寄同情的形象描述，從白口罩的意象出發組建起許多相關的想像，最後甚至帶出劇情：鼻孔和嘴巴在瘟疫時期的同病相憐，非常精妙，非常幽默。

14

支流如蔓，攀緣成河

訪 · 胡燕青

十多年前，和友人一起經營東岸書店，因此認識女詩人胡燕青，本來跟着友人叫她胡燕青老師，後來索性叫她燕青，雖然她是前輩。浪子燕青是《水滸》裏我喜愛的人物，十步殺一人，千里不留行，事了拂身去，深藏身與名，瀟灑得很。燕青其人其詩，有其靈氣，無其殺氣，這是當然的，尤其是那個俠氣的燕青只屬於她詩風雄健的青年時期；樹立了虔誠信仰後的她，更重視文學對於生命的滋潤。就像她的詩集名字一樣：文學是攀緣之歌，攀緣的根柢，必有源頭活水在。

胡燕青之於香港，曾是個小小新移民，那是沒有蝗蟲論的時代，大家胼手胝足對付生活，無暇再去硬分你我。她在廣州出生，童年的事情唯對老房子印象很深，房子位於北京路群眾街，是廣州的核心地帶，「是有騎樓有頭房的洋樓，記憶最深是騎樓，它的欄杆全壞了，我們卻不顧母親禁止在那裏玩，最喜歡就是在那裏向對下的一口廢井瞄準扔東西。爺爺在樓下開布疋行，我們一家住三樓——後來爺爺等人來了香港，就剩我一家孤苦伶仃在那兒，直到一九六二年我和爸爸去澳門。」

胡燕青一九五四年出生，所以考小學入學試就在廣州，「我很記得那次考試，雖然我很小就讀很多書，誰知道他考我『毛主席萬歲』怎麼寫，我一個字都寫不出來，因為我讀的都是紅樓西遊、蘇軾辛棄疾這些書。」

到澳門一個月後燕青和爸爸偷渡來香港，在南生圍上岸，受惠於抵壘政策，她成為了香港人。「暑假之後我就去了長洲讀書，說起來很有趣，因為我爺爺的小老婆住在長洲，所有人都沒空照顧我，除了她。」其間經歷了爺爺的破產、逃債和東山再起，燕青從長洲搬到大角咀又搬回長洲，最後在她小五快讀完的時候，爺爺又要她們搬回香港，「會考在即，長洲的校長不讓我走，讓我在他家住了一年，直到考上伊利沙伯中學才離開長洲。」「文革」開始後，燕青和父親仍然有在假期時回廣州看媽媽與弟妹，「只有一段最恐怖時期：紅衛兵都住進我們的小樓，我才不敢回去。但我每次回去，在沙河下車，爸爸就僱三輪車帶我回家，他們都盡量不讓我看見那時的殘酷景象。」外面的人在政治鬥爭你死我活的時候，少女燕青就躲在家裏佔據一張竹床看《紅樓夢》。

當時香港，燕青的同學中，像她這樣年紀的小移民一個都沒有，「但都是低下階層，分別在於他們住屋村，我和爸爸住板間房。我的同學都很成熟，沒有排斥我的，與現在的小孩很不同，他們中三就參與中文運動、保釣運動了。」就和那一代每個文藝少女一樣，燕青當時最喜歡看《中國學生周報》，也上編輯部玩——為了找比她大不了幾歲、但已經成名的也斯。

「《中國學生周報》讓我接觸到西西、也斯、余光中的作品，還有花生漫畫與羅卡介紹的法國電影。找也斯是因為當時很喜歡他的作品，我記得他有一首詩是講一個高中女生去找他的、到新蒲崗吃雲吞麵，當時我就想是不是寫我呢——我想這樣的高中女生應該有很多吧，但心裏就很甜。」

「但我印象最深不是和他談文學，而是他帶我去隔壁編輯部看《兒童樂園》的排版，因為我感歎於《兒童樂園》的美術字是一個個描繪出來的，於是他就帶我去看其中的奧秘。」這是燕青第一次踏足九龍塘多實街。當時她已經投稿《中國學生周報》，但只是散文，沒有詩。

在《中國學生周報》停刊的七十年代初，就有兩本對於胡燕青同樣重要的《突破》和《詩風》創辦，「那一兩年多了很多東西，很記得有一天我的一個同學說他哥哥的補習老師辦了一份詩刊《詩風》，他建議我投稿，於是我就寫了一首詩叫〈戰後〉投過去——其實那時還沒到越戰結束，只是中五的我聽多了 Bob Dylan 的幻想（那時候沒有錢買唱片，聽到的都是同學用吉他彈給我聽的）而已，我只是想像一個人打完仗才會知道自己是多麼差。」原來這個補習老師是陸健鴻，陸把詩交給黃國彬——「結果黃國彬給這首詩寫了幾千字的評論，還叫我去香港大學見他們，他們都是研究生。從此之後我就加入《詩風》做編輯，成為唯一一個中學生編輯。」

胡燕青少年時期清貧，在她的散文名篇〈雙層床〉中可見一斑，但這沒有影響她繼續追求文學，「我一拿到稿費就買書，我嫁人都是因為書——我家容不下我的書了，我就和拍拖半年的他說我們不如結婚吧。我們在西營盤租了個房子，把書都裝在紙盒裏搬過去，但從那時開始我就不太敢買書。」燕青的先生也出身清貧，但不是文學愛好者，他們是在香港大學游泳隊結識的。「我們到現在還保持着基層的氣質，有人問我寫作的素材何來？我說第一你就要保持基層氣質，不可以變成一個有錢人。」燕青在港大讀中文及比較文學系，那是名師林立的時代，但她覺得自己真正的老師是詩歌上的兄長黃國彬——「我當時寫作遇到什麼問題都問他，他很有趣，一講到杜甫和莎士比亞就瘋了似的停不下來，我就學了很多東西。」

「六七暴動」時，胡燕青在長洲讀中學，一天晚上突然聽到爆炸，原來長洲也有「土製菠蘿」（炸彈）。「但最記得是林彬，我當時最喜歡聽電台節目《大丈夫日記》，林彬主持，我仍記得那開頭音樂，對音樂和他的聲音都有深刻印象，『暴動』時我天天聽收音機，一天聽到新聞說林彬在車中被燒死，我非常傷心，因為那是每晚陪伴我的聲音。」一九七五年燕青上大學的時候，還是火紅年代的最高峰，到一九七六年毛澤東去世才突然降溫。「但我不如他們左傾，因為我親眼見過『文革』是什麼回事，以及記得林彬之死。在大學裏我既不是國粹派，也不是社會派，只是因為寫作而認識那些活躍的學生。」她很早就把成為一個作家定義為自己的事業。

作為一個作家，胡燕青同樣重要的身份是一個虔誠基督徒，這點她在作品中毫不掩飾，但也自然而然不強行宣道。「一九八九年『六四』之前，我開始相信主，之前我一直在推遲決定，直到看到一個作家：魯益師（Clive Staples Lewis, 1898-1963）。他是二十世紀最偉大的英語作家之一，寫作多種範疇的作品，思維的清晰度是無出其右的。他本來不是基督徒，他跟着托爾金（John Ronald Reuel Tolkien, 1892-1973）進了聖公會，後來成為基督徒，成為很出色的平民護教學者。」

「如果不是信了耶穌，『六四』對我的意義就不一樣，對我的衝擊沒有那麼大，因為你的視野更大，看到的宏圖更大的時候，就不會在細節上那麼緊張。」但她對「六四」依然耿耿於懷，「我當時不知道如何反應，直至有一天我想到被殺的也可能是我的學生時，我終於哭了出來。」

大學畢業後燕青做過廣告撰稿員，「但我覺得裏面要講太多大話我受不了，如果我做下去我的內質都會變的」，於是她馬上離開去了香港電台做編劇，辭職生孩子之後，就進了浸會大學，一做就是二十五年。

胡燕青早期詩風雄健，同行王良和形容為「氣勢磅礡，有男子的陽剛氣概，力度與動感」（評其詩作〈江島佳年〉），但她又是那個時代少有的女性詩人，箇中弔詭，只由她自己解說。「我從《中國學生周報》時期開始就受余光中影響，他對文字的執着，讓你感覺他的節奏強勁、樂感鏗鏘，他的機智也很強，像錢鍾書、王爾德那樣，我就很喜歡這種強勢的語文。」

七十年代讀大學的女生，依然是一個弱勢社群，胡燕青最初寫詩的時候甚至取一筆名為「北岳」，「很大原因是不想讓人知道自己是女性，潛意識希望自己是男的。也因此喜歡余光中雄性的文風。我上大學的時候余光中寫的詩非常中國，如〈白玉苦瓜〉等，我是中國來的，對之的身份認同很強，但又不喜歡『文革』的中國，那只有余光中的中國吸引了我。」

真正對女性身份的細察，在她二十九歲成為母親之後，「生孩子之後開始喜歡寫細緻的東西，這是慢慢撿起來的。大學時除了余光中，還喜歡托爾斯泰和陀思妥耶夫斯基，以及博爾赫斯，他們的角度很宏大，令我非常着迷。但我漸漸發覺那只是我嚮往的，我的根卻在《紅樓夢》和周邦彥那裏。」

此外就是信仰對她的改造，「宗教信仰對我最大的影響是，它常常問我一件事：如果你要選擇一個這麼簡單的信仰，你會失去詩歌的浪漫的話，你還會選嗎？我想我還會選。」燕青認為文學的最早期與信仰的最早期是很難結合的，矛盾來自文學鼓勵創作和想像，而教義的律法、愛恨的界線是很分明的。「文學是慢慢打開的，但神像一粒芥種，當祂打開的時候更是開闊，因此才能造就托爾斯泰、陀思妥耶夫斯基這樣偉大的作家兼信徒。我原來一直處於文學和信仰各佔一半的狀態，但這兩年信仰的境界越來越開闊，也帶領了我的文學。而且越來越感到神的胸襟之大，是讓你的想像力摸不到其邊界的。」

「在你信仰尚幼的時候，有一些路是你必須要走的，就像一條河要經過很多幼細的支流才能到達大主流一樣。」這也是燕青替學生的文學雜誌取名《支流》的原因。「我深信當我老了之後，信仰對我的開啟會更多，它會和我的文學結合。」

生小孩與母親的去世對燕青的影響，也通過文學體現出來。「這是人生很自然的階段，大學時代對那些很偉大的事物如家國等感興趣，經歷了這些之後對平凡的事物更多了留意。有了家庭生了孩子之後，你才突然明白為什麼當年覺得不好的，像簡・奧斯丁（Jane Austen, 1775-1817）這樣的小說的好處在哪裏，我是中年後才重新撿起以前放下的簡・奧斯丁，雖說她的故事不外乎嫁不嫁得出、嫁給誰之類的，但過程中很多細節，這種人性的細節非常吸引。《聖經》裏也有很多這樣人性細節的描述，關於人之惡，我以前不知道自己身上也有的，慢慢才知道這些細節組成了你以前用很多宏偉字眼去掩飾的動機。」

胡燕青廣為人知的，除了詩，其實還有她那些暢銷的少年小說，如《一米四八》等，這展現了她作為一個詩人對他人的關切。「我發覺很多人以為我是不能寫別的東西才去寫少年小說，其實是因為我的孩子正好成長到這個階段，寫《一米四八》的時候，是正當我的兒女和侄兒女都是那個年紀，我以他們的故事為藍本來寫。」而《野地果》，當然是因為燕青小時候的新移民經歷，「那時我班裏沒有其他新移民，我覺得自己和其他人的思想文化都很不同，直到我進中學還這麼認為，而想及現在的新移民很多是初中才來香港，他們的適應問題會更嚴重，我寫《野地果》就是想寫他們的適應問題，寫一個在國內有房子還是排球隊成員的十四歲孩子，當將要被選拔進省隊前卻跟媽媽來了香港住在板間房裏……我寫的時候的確是把自己的生命的影子放進去的。」

「聽覺的潤物雨，月鍍的鐮刃霜/未見的遺忘慢慢削深刻的鍾愛……」胡燕青這樣寫一個白瓷花碗，其實她的生命也是這樣由文學慢慢滋潤削磨，終於從支流來到大河的入口。

少女

搖晃的車廂裏
她的校服一點沒擺動
手提着小號的方盒子，上了鎖的
一首歌，在想像中漂移
前臂劃出幾乎看不見的弧
完全沒有用過的、初長成的肌肉
隱藏的蜜色的力量，蜜色觸感的公開
手指沒有關節，豐滿卻細長
小小胸脯上，灰毛背心大而無當
好像剛剛離開折疊的狀態
一切還在預備着（但預備着什麼呢？）
她精緻的嘴唇沒有細紋，只聚集着奇異的亮光
睫毛很短，沒有彎度，眼鏡下靈敏地閃動着
她不在想什麼，但思想的清醒在等待
一切都已經預備好了（但預備什麼呢？）

短髮留守在溫熱的耳背。耳珠兒
完好而清涼。她的眼睛，啊，她的眼睛
在地重重疊疊的吵鬧裏，她用眼睛
輕易打開一個靜寂的世界
一個身體，在她體內膨脹起來
這一刻，她顯得略微太小
彷彿小卷葉上露水載着太滿的晨光
而她，毫不自覺

點評

猶如里爾克（Rilke）的詠人詩，先把人作為物件細緻觀察，從表面和此時此刻的觀察中帶出對過去和未來的想像，從而支撐起一個有情的存在，因此結尾的靜默有如頌歌，詩人對少女一瞬的關注其實來自內心曾經存在的那個少女。

15

素來自在一葉舟

訪 · 許迪鏘

儘管現在香港有了很多文學新品牌，比如成為文藝青年潮拜雜誌的《字花》、銷量創紀錄的《中學生文藝》，或者是舶來的時尚文學雜誌《天南》、《大方》等等，五彩紛呈爭奇鬥艷，可是我最懷念的還是當年一本黑白印刷、墨香濃郁的《素葉文學》。就像現在小說家散文家詩人也豐盛炫目，我還是獨好翻讀那麼一群最甘於寂寞的「素葉作家」：康夫、淮遠、李金鳳、辛其氏、何福仁、許迪鏘……當然其中不乏廣為人知的名字如西西，但也是錦衣夜行，素葉的樸素低調作風一以貫之。

據說像我這樣的讀者還有一些，素葉出版社唯一的「員工」、作家許迪鏘告訴我：寄放在旺角樂文書店的最後一期《素葉文學》每個月都能賣出去十來本。我暗自驕傲的是我也算攀上末班車的「素葉作者」，趕在十一年前的這本「休刊號」發表了作品，慚愧的是我文風張揚，實未能達到前輩們的克制從容。

論克制從容，許迪鏘先生當屬其中，他步入文壇四十年，編過《中國學生周報》的「詩之頁」、《大拇指》、《素葉文學》等，經他手出道、出版的作者當不下百人，但他自己只在素葉出版過一本散文集《南村集》以及近年在天地出版的一本雜文集《形勢比人強》，此外就是他戲稱無意成了暢銷書的《中國語文不難學，為什麼我總是學不好？》。但就是這本不算厚的《南村集》，令諸多作者讀者對這位編者服膺，當中短文懷人敍遊，既有淮遠冷調之妙，又有其自身獨有的沉厚和不經意流露的一絲暖意，感覺他就是介於淮遠之偏和何福仁之博中間的自由泳者，泛若不繫之舟。這種從容發展到《形勢比人強》的議論縱橫，間或嬉笑怒罵，亦是教人暢快不已。

許迪鏘和淮遠等同代人算是第一代在香港出生長大的香港作家了，但他們從沒像現在不少青年作家一樣非要在履歷上註明「土生土長」。許迪鏘說他是看大陸書長大的，一九六九、一九七〇年才開始認真看書，「那時在聖保羅中學，因為會考完了有幾個月的長假期，去原子粒廠像查理一樣擰螺絲，擰了幾天就不幹，又去玩具廠做包裝，都嫌悶不幹了。在家裏無聊就開始找書看，書店沒什麼選擇，大陸還在『文革』餘波中，但香港三聯就出了很多魯迅的單行本，還有巴金，那是我最早看的現代文學。」

香港作家尚未進入他的視野，那時中學生許迪鏘「好豪」，每天訂六份報紙，一份三毫子，一個月就四、五十元，其中《快報》裏面寫專欄的就有西西和也斯。「一九七三年進浸會大學，一九七五年開始辦《大拇指》，辦《大拇指》之後才開始多留意香港的作家作品。」許迪鏘因為《大拇指》而認識西西、也斯、鍾玲玲等本人，其實他最早「認識」的是鍾玲玲，許在收音機聽到她讀詩——「她的朗誦，跟我聽過的那種裝腔作勢的方式，迥然不同，音調自然，平淡中自有其親切和感人的力量。」（《十年人事》）許迪鏘從此喜歡新詩，這也是一段佳話。「同時在《七十年代》看到鍾玲玲和胡菊人的文章，才知道除了魯迅、巴金之外，香港也有很多作家可以看的。」那時他就開始在《快報》寫一些文章，最早的專欄是在《快報》給劉以鬯先生寫，不署名用來「揳位」的。

許迪鏘讀書都是自己讀，雖和日後另一著名作家何福仁同班，但彼此並不知道是喜歡文學的。「會考勉強過了關，中六、中七的時候就開始和何福仁熟了，因為中六無事幹，大家都不唸書，中六的時候和同學辦了個『五四』展覽，總結歷史和人物，才開始認識老舍、蕭紅等。」那是一九七一年，許迪鏘十七歲。

一九七一年成為他的轉折點，該年七月七日香港專上學生聯會在維園發起「七七大示威」，最後威利警司率領千多名警察，武力驅散示威者。許迪鏘在文章裏只說過一句：「我的故事由那天開始」——他告訴我那是因為從那天開始他認識到殖民地政府的本質，「之前以為香港一切都蠻好，安居樂業，『六七暴動』之後政府有了青年政策，每逢週五、週六就在卜公碼頭搞青年舞會，我覺得挺好，雖然我從來不參與，還有花車巡遊、香港節等等，讓人以為政府還蠻關心市民的。」

但威利警司的一番亂棍，打醒了夢中人，「年輕時不多不少也有很激憤的時候，再加上《七十年代》的『煽動』。七七保釣當晚，回家我把家裏的日本公仔麵全部扔掉了，媽媽現在還『心有餘悸』，想我兒子怎麼了？」直到後來，許迪鏘寫的日本遊記對日本也頗有冷嘲，「我對日本人從此有複雜的看法，基本上我都不太喜歡日本人。」他還是這麼直接。

保釣之前還有爭取中文成法定語言運動，許迪鏘和他的同輩理想青年都有參與，到一九七九年金禧運動的時候，大家已經都很成熟，對社會持批判性態度也很明確了。「爭取中文合法運動時還有很多評論對我們冷嘲熱諷，這些用中文寫評論的人都很奴化，認為哪裏用得着中文合法化，反正我們一直都用着，你們是自卑心理才覺得被歧視云云。」一九七九年，除了金禧運動，對於寫作者還有很重要的事情：素葉出版社成立了。

在素葉之前，一九七五年底另一本很重要的文學刊物《大拇指》創刊，許迪鏘一九七六年初加入成為日後主要編者，「是何福仁叫我加入的，我開始認真寫作是一九七八、一九七九年，因為從編《大拇指》才開始打開文學視野，和關注香港文學。《大拇指》多登年輕作家，其實是因為那時大家都年輕，這幫年輕作家找不到地方發表作品就索性自己辦一份雜誌來發表。」《大拇指》從一九七五到一九八七辦了十二年，沒有資金，全靠同仁大家湊錢，也是一個奇跡。「初期蠻能賣的，即使是到了停刊時還有一千左右的訂戶。不出版了不是因為錢，是因為大家都累了。」

《素葉文學》和《大拇指》的同仁，同時重疊的只有許迪鏘，因為《大拇指》出版一年後許多創刊的人都離開了，而素葉是一九七九年組成。「那時何福仁、西西、張灼祥等都不在《大拇指》了。他們不做《大拇指》就開始做素葉，素葉最初只是出書，次年才開始出《素葉文學》。當時出書也困難，找不到出版社願意出文學書，於是也跟《大拇指》一樣：沒有出版社出我們就索性自己辦一間出版社來出自己的書。最初的書都很薄，都是大家湊錢出，但作者不用給錢——也沒有版稅。」

許迪鏘散文裏談愛情事很少，唯獨說過一句：編《大拇指》得到一個妻子，她乃朱彥容是也。許笑說：「那是唯一的收穫吧，她是教書的，也在《大拇指》做編輯，也很喜歡文學。共事之時我並沒其他企圖，只是同事，做久了慢慢覺得可以在一起，認識七年後才結婚。」其實除了愛情，《大拇指》還給了他很多，比如說生存之技，「我這一生也靠在《大拇指》的經驗，編輯、排版、出版的經驗，連沖印刷菲林我都學會了。我們那時都是編輯自己來設計版面，剪剪貼貼，不會被美術控制了我們。」還有攝影，青年許迪鏘覺得拿着120相機很威，一九七九年和何福仁去北京，還公然翻拍民主牆的大字報，他以為當時很寬鬆，貼出來就可以拍，但北京的攝影師告訴我，他們每拍一張都膽戰心驚怕被舉報，哪像香港青年們那麼大膽。

《素葉文學》的經歷和《大拇指》也像，最初是定期月刊，出了一年，然後就越來越疏了。「因為大家都有正職，只靠工餘時間，就懶下來了，九七後還出了六、七期，二〇〇〇年最後一期後就沒出。出版社我們也打算慢慢停了——我們的歷史任務已經基本完結。出多一兩本同仁如辛其氏的書我們就執（結束經營）了。」我們坐在素葉的辦公室兼倉庫聊天，周圍是搖搖欲墜的書堆，中間是時代過於喧囂的孤獨。

香港作家，都需要有正職，因為沒人承認作家就是正職。許迪鏘的正職做過銀行，也教過書，最有趣是兩者都很幽默地結束：他在七月七日辭去銀行工，而在教書時接到一張通知：「台端安排家課只得零次，深以為憾」……這張通知就印在《南村集》裏作為插圖，這就是許迪鏘的幽默。

「當時銀行工作很好，福利好——存款有高息，借錢很低息，同事很多有幾間房子。我決定選一個有意義的重大日子：七月七日，來做這重大的事：辭職。關夢南當時在私校教書，就把我拉了去，算是圓了一個心願，我一直都有教師夢。」雖然這教書生涯相當短暫，只教了幾個月，卻首次表現了許迪鏘的教育理念。「他們規定每週都要有家課安排給學生，我說還沒有教完安排什麼呢？他們建議我就安排寫寫字也罷。」後來他編教材、寫關於語文學習的書，其實也算教育夢的彌補。

「可以這麼說，但很難說我有沒有做到什麼效果，我盡力了，也不管成不成功。比如我最後編的一本中文教科書，只有三兩間學校採用，出版社就索性不出版了。現在的學校要求太多了，又要代出試卷，又要提供互動光碟，我們還要去租錄音室製作聲音軟件。」今天的教育夢，遠比小思、西西、許迪鏘做老師的年代還艱難似的。

因為嫌悶，許迪鏘換了無數工作，報紙周刊月刊網站教材出版都做過，唯一沒嫌悶的還是寫作。幾十年下來兩本集子，《南村集》是溫柔與冷諷參半，《形勢比人強》倒多了些憤慨和放開。「《南村集》這種很文學性的散文我現在寫不出了，當時有受淮遠影響，刻意用對事件的描寫來代替對事件的批評，比較含蓄，雖然是專欄文章，卻寫的時候就有文學的預設。《形勢比人強》在主流報紙寫，沒有限制，我想就沒必要遮遮掩掩、顧左右而言他，就直接很多了。」

其實以《形勢比人強》作為雜文集名字本身就是一種態度。這句話出自文集中他寫文學書店「東岸」結業的文章，近年目睹文學遭遇的灰心想必也有之。「到今天還是形勢比人強，你很難去觸動大的潮流，文學是一個反抗，其實只是對作者有意義，讀者會受多少影響，不是我們能考慮的，總之有話要說就先說了吧。」

但許迪鏘說他並不灰心，「從第一天做起就預計了這樣的前途，很難想像香港這樣的社會會對文學有多重視。你想不到有什麼方法，我始終覺得好處也在此，沒人理你，你做什麼都可以，如果有人理你或者你去理人，就不知不覺會考慮取悅讀者了。比如說《字花》都要考慮年輕人口味在編排上做得花俏一些。《中學生文藝》也要讓年輕人覺得是很接近他們的。但《素葉文學》從來不考慮讀者需要什麼，也是有不服氣的成分在，社會需要我們媚俗，我們就偏不討好。」

「文學始終是抗拒流行的，街市買菜的嬸嬸怎麼會看卡夫卡呢？」我們走出那兩百呎素葉出版社，許迪鏘笑說：「以前寫作，三蘇住三千呎房子那已經是神話，現在更不可能。」惟其不可能，我們的寫作才比三蘇的時代進步了許多吧，這一弔詭的命運，我不說，香港文學人也都心照了。

我不能再撫摸那溫軟的手（節選）

蔡浩泉，人稱阿蔡、蔡頭、大頭蔡，或"pei"蔡。

廣東話的這個"pei"字，不容易翻譯作普通話，其中有玩世不恭、不為已甚、吊兒郎當、與俗相遺等種種涵義。到了極端，就是連性命也不管了。阿蔡得病的消息來得突然，他之得病卻恐怕並非偶然，在他喝了別人三輩子才可能喝得完的酒後，上天下定狠心，突然叫停，就此不讓他再喝下去。

阿蔡享年不過六十一，在藝術生命上，只算是青年。齊白石六十歲以前還是個木匠、畫匠，打後三十年才真正開始創作並攀達高峰。阿蔡從台灣師範大學學成回來，做過的工作繁多，教過一陣子書、給報章雜誌畫插圖、在報社供免費美術，還寫文章，等等，等等。只是不大畫畫，但看過他畫作的朋友都認定，阿蔡是個畫家。只一位畫家朋友阿逵每到酒酣處就會說：阿蔡，畫畫，交出作品來。我酒後總愛洋涇濱說：他 challenge 你。

一九八二年阿蔡硬接過我們的一次挑戰。前一年，他與一班友人到新疆遊行，此行對他的衝擊很大，我們難得聽到他說：我要畫畫。我們趕忙給他訂了明年中大會堂展覽廳的展期，阿蔡也果真發憤，在南丫島闢了個畫室，專心作畫，也許這也算得上是為藝術而藝術了吧。我有時到他的畫室去，看他畫畫，和他喝酒，過一夜，第二天帶着畫作出來，立即就拿去裝裱。一天，半路上突然大雨傾盆，我抱着阿蔡的畫，死撐着傘，在土瓜灣的人與車與橫巷間穿插，頗有百萬軍中藏阿斗之感。但我有的不是英雄氣概，反之，是一種孤清的感覺。我手中的是一位畫家的精心傑構，但能欣賞的又有幾人？

阿蔡的這次畫展十分成功，參觀的人認識和不認識的朋友都很多，也獲得各傳播媒體的廣泛報道。畫家希望用國畫顏料製造類似西洋畫顏料的透光效果，如樹葉在陽光下的深淺有致，雖不大成功，但整體上毫無疑問展示出一位畫家駕馭技巧的能力、強烈的個人風格和獨特意念。十二年後阿逵回憶道：「畫水墨山水加個古裝漁翁墨客固然是食古不化，加個高壓電塔拖拉機什麼的更是煮鶴焚琴，阿蔡筆下整齊落寞的樹和崩塌中的沙洲正是現代才有的景致，當然不全然是地理上的。」阿蔡這次展出的作品，題材眾多，有的較熱，有的較冷，相信朋友們偏愛的主要是後者的落寞孤高。

……

十數年匆匆過去，近年我與阿蔡聚面的時間不多。今年過年前，我把給他剪存的報上的文字舊作拿給他，請他整理一下，好及八月他生日前出版一個單行本，還說過年後便來取回。結果一直沒有，接着便是七月底聽到他患病的消息。我到他家裏看他，本來清瘦的阿蔡更瘦了，但仍充滿鬥志，說：我要打一場仗。他隨之進院，病況轉為反覆。在醫院裏，在極度虛弱下，他仍不失老頑童的本色。他吃的一種中成藥的方單上有一條說，少吃螃蟹，阿逵說少吃嘛不是完全不能吃，阿蔡，蟹季快到了。阿蔡說：對，我只吃蟹蓋。我替阿蔡把把脈，朋友們笑說，你懂嗎。我自然不懂，只是數數脈搏而已。直到他去世前一晚，脈搏維持在九十多至一百之間，急速，但均分。那晚我離去後，據說半夜阿蔡的血壓急降，第二天早上便與世長辭。我再不能撫摸我朋友溫軟的手。阿仁說：阿蔡放棄了。阿蔡之放棄，我想定有他的原因。

這天一班朋友在茶樓坐下來商議怎樣辦事，這樣的一班人聚頭而完全不喝酒，恐怕絕無僅有。但即使有酒，少了一隻酒杯，一把親切的聲音，徒使人傷感而已。

點評

懷念至親友人，反而不可能情緒激動高亢，只能如流水般靜靜交心。許迪鏘在散淡行文之間，偶露「百萬軍中藏阿斗」之感，卻最動人肝腸。

16

文字裏細理玉髓

訪・王良和

在香港能夠同時寫一手好詩，又寫一手好小說的作家不多，也許是因為這兩者互相衝突的地方太多了，詩人的感性導致他們的小說流於感傷和修辭，小說家的理性和冷靜導致他們的詩囉嗦乏味……能把這雙刃劍舞得遊刃有餘的，第一代本土作家是西西和也斯，第二代則幾乎只有王良和了。

王良和從八十年代起以詩聞名，尤其在詠物詩上獨當一面，代表作《柚燈》獲得了第二屆香港文學雙年獎詩歌獎；後來又走向深層心理的挖掘與梳理，其實這已經為他的小說寫作埋下端倪——二〇〇〇年他創作了第一篇中篇小說〈魚咒〉，當時文壇為之側目，因為他一開始就這麼成熟，彷彿是寫小說的老手，深懂小說中克制與放肆之間微妙的平衡、慾望與理性的平衡，後來以這種方式寫的一系列小說結集為小說集《魚咒》，獲得第七屆香港文學雙年獎小說獎。算上他曾獲第二屆香港文學雙年獎散文獎的《秋水》，他是唯一一個三項全能獲獎作家吧。他最新的詩歌又呈現出小說敍事的影響，讓詩的可能性更大。

詩歌曾經硬朗尖銳（《火中之磨》），亦曾深邃如水（《尚未誕生》），小說沉着痛快，這樣的一個作家，行事卻非常低調，王良和任職學院，寫作越來越與文壇潮流無涉，包括他的研究也如此。多年不見，對於他，以至他的寫作追求我都有許多問題，尤其是對他那一代的青春時代：八十年代，這個因為貼近而看不清的年代。

王良和雖然是土生土長的香港人，但他的故鄉卻在遙遠的紹興，和魯迅一樣。故鄉紹興對他意味着什麼？他的爸爸媽媽都是農民，在紹興出生、認識，「而我在香港出生，過去我不是很知道故鄉的事，他們在香港講紹興話，我們不會講，只會說罵人的話，父母經常因為這樣的事情爭執：爸爸經常寄財物回鄉周濟親戚，媽媽則認為我們家已經很窮了不應該如此。」有時王良和還會聽他們講他們那一代的恩怨，所以對故鄉有一個模模糊糊的感覺，也就是知道自己有一個故鄉叫紹興而已。

對他來說，六、七十年代的童年回憶和八、九十年代的青年回憶同樣珍貴，他自小住在港島西邊街，「那是一條住的全部是窮人的街道。我們窮得沒有拍過一張照片記錄那時的生活，最近在網上找到一張西邊街的老照片，發現拍攝的竟然是我家旁邊相隔兩座的房子，我心中很難受，想攝影師的鏡頭要是往旁邊移動兩座，我就能見到我的童年的所在。」

關於西邊街，在他的小說裏也能看到，他還記得那些沉重得吱呀作響的大木門、橫柵欄以及可以往外偷看的門洞——「我可以看到我家對面的差館，所以我對『六七暴動』有很深的記憶——我差點悶死了。那時我只有四歲，只記得一個場景，我的二姐很晚還沒有回家，我非常擔心，在我模糊的記憶中有『土製菠蘿』這個概念，突然門外都是警察乒乒乓乓的靴聲、盾牌碰撞聲，接着是催淚彈落下的聲音，然後我們就被煙霧嗆得要死，流着眼淚躲進地下室，用洋娃娃的裙子當口罩，因為我們平時從工廠接件回家加工，最多的就是這些裙子。」他還在門孔偷看對面的火光，直到警察來叫小孩快走開。這些他寫進了最新的一篇小說〈禮物〉裏。「那時的世界很小很小，就是沿着西邊街建立的，我們扔石子、跳格子、爬樹釣魚，甚至去差館玩，但就是沒有一件玩具。」這個執念甚至延伸到〈魚咒〉裏養魚的情節中去。

小學時搬到華富邨，就是因為打風，西邊街的老房子徹底變了危樓，「風吹過來的時候真的能感到房子在搖擺、床都在搖擺。」王良和家住的就是現在所謂的「劏房」，「我們一家九人擠住在一個七十平方呎的小房間，一張四呎大的床是父母、我和弟弟睡，而大姐二姐三姐哥哥都睡雙層床，再加上一個小櫃子就沒有其他東西了。床與床之間恰好可以在吃飯時開一張摺疊桌，除了吃飯我們還在桌子上穿膠花、給洋娃娃頭裝頭髮——我的手上還有那時用小刀留下的疤痕。」一個驚悚的意象在他記憶揮之不去：半夜三更姐姐們還在給洋娃娃裝假髮，洋娃娃的頭就在燈光下放了一桌子。

中二時王良和最初接觸文學，是老師覺得他平日作文不錯，就鼓勵他投稿去《香港時報》的「學生園地」，「當時學朱自清的筆法，一投就刊登出來了，有四元稿費非常開心。從此開始投稿生涯，更高興的是何紫先生的山邊書店就開在我學校培英中學旁邊，午飯時間我就去他那裏看台灣文學書。」接着王良和就去參加當時香港最有影響力的青年文學獎，投了很多稿全部落選，但主辦方叫他去參加「投稿者座談會」，王良和那才第一次見到真實的當代作家，如余光中、蔡炎培、黃國彬，以及其他的參賽者。「他們問我看什麼書，我說朱自清，他們看的卻是瘂弦、鄭愁予、西西、也斯。這開了我的視野，我跟着他們的推薦買了余光中的《白玉苦瓜》、瘂弦的《深淵》、陳之藩的散文等等，才知道他們的詩文比我之前看的朱自清、冰心要高超得多。當時覺得有兩種作家，一種是余光中那樣文字比較華美的，一種是《大拇指詩刊》那些本土作家那樣比較樸素的，後來兩邊都有給我營養，那時候沒有什麼派別之分。」

他生長於七十年代，但似乎沒有經歷過那些抗爭和思潮動盪，「因為父母都是農民出身，性格比較懦弱，從小灌輸我們不要搞事。接觸的人也不同，小時在港島，接觸『港大』的人比較講純文學，後來才知道『中大』那邊的人比較關注社會、國事。」中學時代王良和參與組織「晨呼」詩社，但社員多半零落，他最早的詩友是鍾偉民。「他曾經非常轟動，〈捕鯨之旅〉的獲獎成為當時文壇熱點，無人不談，那首詩是當時香港罕見的具哲理性的長詩。我和胡燕青都受過鍾偉民影響，他卻沒有受我們影響，因為他當時太紅，正如王偉明所說：香港詩論共一石，鍾偉民獨得八斗，就是形容這種炙手可熱的程度。」

十多年前剛認識王良和，我在洪葉書店打工，他是熟客，常和小孩子似的我談詩，有一次他和書店的老闆葉桂好說起大埔尾的歲月，惹我浮想聯翩，覺得那個年代的大埔尾就是一個藝術家村落似的。實際上是王良和大學四年級的時候，意識到一個詩人如果沒有新環境衝擊，他的詩很容易停滯下來，「我在『中大』數年，作為余光中的學生，我所看到的東西也是他所看到的，山海植物等，也是他寫過的，對我來說，這是血肉不夠，唯獨是很修煉你修辭的環境。我意識到我在『中大』無法開展我的創作，於是與兩個藝術系的同學一起去大埔尾找了一間上百年歷史的石屋租住，結果寫作真的完全不同了，寫了〈柚子三題〉等詩作，因為我完全沒有經歷過這麼孤寂的生活。雖然當時很多『中大』學生因為便宜而在大埔尾租房子住，我卻不認識其他寫作者或藝術家住在那裏，後來說起來才知道洪朝豐、葉桂好等在那裏也住過。」

在大埔尾住了一年，王良和寫作很多，風格也改變，走向沉思性的寫作。「這和離群索居有關係，屋子很大很孤寂，六間房經常只有我一個人在住，原來一起租住的兩個藝術系學生怕鬼而不敢來住。但那時的詩歌很光明，不是哥德式的，我那時發現我不是屬於黑夜的詩人，有人説我的詩很多光明這個詞，我發覺是因為我很多詩都是寫清晨的，在清晨中走路那種寧靜的喜悅。很多是我從大埔尾走路去大學上學時，在路上的靈感。」

隨之而來的八十年代對於一個詩人來説，似乎是充滿金錢至上的乏味，所以這是我很好奇的一個時代，好奇在那個時代詩人何為。「八十年代中我上大學到大學畢業、工作，高中時代是很不如意的，進中文大學後整個世界改變了，可以讀自己擅長的東西。出來工作後目睹香港富庶的過程，比如電視歌曲的流行，生活也由刻苦轉變為社會因經濟起飛而充滿的樂觀，會用繁榮這個詞來形容香港。」但隨之最強大的震撼是「六四」，王良和作為中學老師會向學生講述事件，也多次去遊行，「充滿徬徨、倉皇和絕望的感覺，大量的人去辦移民，我自己也曾睡天橋排隊過，發現排隊是好像無了期的，終於就放棄了。先是因為感到一個大而無形的政權在向自己移近，但後來又聽到很多移民了的人在外國找不到工作的辛酸。對一個大學剛畢業的人來説，這種不知何去何從的衝擊很大。」

那個年代他最慶幸是有良師益友，比如説余光中先生。「他只教過我大學二年級的文學創作和現代文學課，未進『中大』前就知道他在香港的影響就很大，《詩風》很推崇他，進了『中大』以後發現我們很多的寫作主題也很相似，實際接觸後我非常欣賞他的認真，即使是批改學生習作他也很認真寫字、寫得很長，還覺得和他相處很舒服，他不講是非，只以長輩的包容心懷與我們講文學，你認不認同他的文學觀是一回事，他總是很平和，有一種大的張力超越流派的紛爭。還有一種知識份子的幽默感，超脫於香港文壇那麼多糾紛。」

我印象中王良和的一個最重要的老師，是上個世紀最偉大的德語詩人里爾克，尤其對他的詠物詩和哲理詩影響很大，他是怎樣走向里爾克的呢，先有詠物詩還是先有里爾克？

「他現在已經對我沒有什麼影響，但還是最喜歡的詩人。在我大學時期，我很焦急地希望自己的作品擺脫余光中老師的陰影去創作，而且大埔尾的寧靜生活讓人靜下來思考。這時我讀到了程抱一著名的那本《和亞丁談里爾克》，他不是乾巴巴的學術文章，很有詩意，而且翻譯很有音樂性，讓我讀到了里爾克的樂感。他邊講自己在抗戰時期的經歷，邊講里爾克的詩，我看罷非常喜歡，喜歡的程度竟然超越了余光中。」那時王良和正苦惱於自己的詩作尚不夠深度，里爾克的觀物正好幫助了他的思考。而且因為里爾克他走向羅丹（Auguste Rodin, 1840-1917），細品羅丹的雕塑，寫下《火中之磨》裏關於羅丹雕塑的存在主義式組詩。

「但到了寫〈樹根頌〉的階段，我反思里爾克對我的意義覺得出現了問題，這種思維容易觀照事物看到中心，但就會令受此影響的人形成思維定勢，就是一看到事物你的想像就會動起來想穿越它的內在世界。卻因為太過聚焦而忽略了外部的波動，觀照的多向性也不夠，像雕塑一樣失去了輕靈。」而且他害怕這樣會走火入魔，於是向別的詩人尋找新的衝擊，如博爾赫斯、辛波絲卡（Wislawa Szymborska, 1923-）、葉慈（William Butler Yeats, 1865-1939）等，「我漸漸重視自己的內在經驗是否能出來，能出來的話什麼風格都讓我開心。」

現在除了詩歌和小說，王良和多了一樣醉心的事，說出來令我驚訝，竟然是對古玉的研究，「現在我不斷去全國各地的博物館看古玉，它就像一個湮遠的古代世界通過一個實物直接呈現在我面前，這就是中國文化的淵源。」其實細想這也是理所當然的，王良和的詩歌常常呈現的也是玉石一樣的氣質：他的內在經驗絲絲縷縷綿綿不斷地流動、凝固、演變出意想不到的紋路，就像玉髓流聚成雲的姿態一樣。

家具

從外面的世界回到自己的家
身體就像家具，你以為我平靜地安頓下來
你拉一拉我的抽屜
你摸到另一個家具，而我在裏面
用自己的影子包紮沒有傷口的傷口
這時我聽到你說，我的讀者，神經病
恐懼就像年輪，不斷變換形狀，扭曲成家具
你可以想像它的年歲，甚至用手掌
摸到外面的風雨，然後你可以想像陽光
每天我都從外面的世界回到自己的家
抹淨我的家具，讓它們帶着新潔的臉孔出發
迎接疤痕。這是莊嚴的，就像儀式

點評

王良和的近作，深化以前詠物詩的表象，更多觸碰心靈深處潛在的傷痛和恐懼。本詩以最日常的家具為喻，卻寫出平靜之下的波瀾起伏，但最後轉折來自對人生本質的認知：「帶着新潔的臉孔出發／迎接疤痕」此中蘊含的意義並非片面的樂觀與勇敢，而是對已經存在的磨練的一次承認，對自己的忠實。

17

詩歌鍛煉靈魂

訪・黃燦然

從前的黃燦然是個急性子人，和他翻譯中的細緻從容、詩歌中的沉着舒緩大相異趣，他喜歡滔滔不絕，而且總有話説、總有創見。我認識他超過十年了，記得一九九八年他把他的日記整理列印了厚厚的一本給我看，名為《一個詩人的劄記》，是一本有《歌德談話錄》傳道授業解惑式野心的作品，充滿了零散但閃光的真知灼見，後來這些「點子」都成了他評論集《必要的角度》和《在兩大傳統的陰影下》裏的文章構成。人人都有整理自己的方式，黃燦然的方式比較兇猛。

但這些年的黃燦然彷彿溫柔了許多，首先他更深居簡出，其次，他的詩更疏朗、文更綿密。二〇一一年出版的漢語詩集，我最欣賞的就是黃燦然的《我的靈魂》，黃燦然一直潛心翻譯和寫作，幾乎完全與所謂文壇隔絕，日常生活是他的學習對象，尤其這是一個淳樸的夢想家的生活，富有更多的寂寞和辛甜可堪細味。這使得他的詩既不像香港某些詩歌那樣對現實亦步亦趨，亦不像其國內前衛同行的種種高蹈或刁鑽。就如他的書名所示，他關心的是那顆被誠實的生活浸潤洗滌過的心靈，如何隨時能在煩囂中反躬自問，通過詩歌鍛煉成為一個合格的靈魂。

黃燦然迥然不同於我認識的許多他這個年紀的文學家般有城府，他那種孩子氣式的純真和執着都會令人自愧，我想這肯定與他早年有十五年時光在福建農村中長大有關。對福建的童年生活最深刻的記憶也是他更早的記憶，「我家在非常高的山上，綿綿不絕的山坳裏面。記憶最早的畫面就是，午睡醒來我在大門口坐着，對面就是南山，東西都是更高的山，南山口有一株原始的樹非常高大，樹頂有一個巨大的鳥巢，猛風吹來都不動。」

這個村莊在黃燦然的記憶裏甚至有點魔幻，「當時我們鄉有一個神一樣的長老，白髮鷹鈎鼻，很有權威，叫明伯公，他對我特別重要——我在他那裏學會抽煙！七、八歲的時候就學會了，因為明伯公家就像一個沙龍，全村人在這裏聚會，煙和茶永遠備着，我就跟着他抽起煙、喝起茶來。」

他最早的文學啟蒙來自父親的小學課本，那是五十年代初的課本，還沒有那麼多政治教條，有老舍、朱自清、冰心等，還有康白情的新詩。「另外有一本《人民文學》，我在上面第一次讀到艾青的詩，當時並不感興趣，覺得他不怎麼樣。」十五歲之前的鄉間生活帶給他的好處遠遠比文學要大，有一種素質是那時養成至今不變的，黃燦然說那是一種很純、很善的東西。「我整個人待在大自然裏面，整天一個人在山裏跑，會沿着一條溪走到它的源頭，非常冒險——比如說會經過一個絕壁、爬過一個深潭，我還不會游泳。母親管不了我，現在我還能記得這把聲音——母親在叫我：阿燦啊——聲音迴盪在山間，我就一邊回應，一邊趕快回家。」另外，村裏所有老人都對氣質獨特的他很好，所以他從小沒有仇恨和怨的觀念。「這個村莊樹立了我的文學想像——當我想到『天堂』這個詞，腦海中出現的就是我那個村子的景象，想到『日出』就想起山裏的太陽升起，想到『東南西北』出來的景象也是山的東南西北，還有什麼比這更美好的？」

黃燦然小時從沒出過遠門，除了八、九歲的時候坐火車去廣州有模糊的記憶，與母親、同鄉結伴，只記得火車餐好吃，路過許多奇怪的地名，住在廣州華僑大廈。「火車路過很多山洞，母親睡着了，我就像獨自一人旅行。」但這種迷惘的記憶迅速被長大後來香港的痛苦記憶所取代，「十五歲的時候我和兩個姐姐同時來港，一來就覺得完了！原來在鄉間住的是四間大房，在香港卻住在觀塘的木屋區，比貧民窟還差的地方。」他非常想念故鄉和故鄉裏的母親，「只覺得非常孤獨，整個青春期都圍繞着自殺的念頭。」

正是在那時他開始接觸新文學和香港文學。他買了一本司馬長風的新文學史，按圖索驥地一本本地去讀經典的作品。「那時這本書剛剛出版，對我影響極大。我一來香港就去做雜工，賺的錢除了給家裏，全部用來買書和看電影。當時很多雜誌都有文學版，戴天和古蒼梧我很喜歡，最喜歡是鍾玲玲。另外就讀台灣的黃春明、王文興、白先勇……」同時他開始讀台灣的新潮文庫的現代派文學，作為一個工人，他對存在主義竟然有感同身受，「我耽讀卡繆的《異鄉人》、卡夫卡的《蛻變》、安部公房的《沙丘之女》，根本不是欣賞，而是共鳴，因為那時總想自殺——整天在想活着沒有意義。」

工廠生涯持續了幾年，苦樂自知，直到自己決定回大陸考大學改變命運。「最初我跟祖母去做雜工，後來看見一些廣東人在打鈕（釘鈕，就是牛仔褲頭周邊口袋角的銅鈕）、打棗（就是做牛仔褲頭用來穿皮帶的『耳朵』），是計件工，我就去做這個更自由的工作。一九八一年第一次回泉州，我的舅舅是一個右派知識份子，他叫我去報考暨南大學。我回到香港就去夜校學英語，學了兩年英語就上去了。」那是一九八四年春天，黃燦然帶着一個皮包裏面的幾本文學書就離開了香港。在工廠沒有朋友，更別說文學上的朋友。也沒有談戀愛。「記得有一次轉到附近另一家工廠，第二次早上在街頭碰見原工廠一個漂亮女孩，她就把她的電話給我——我真傻啊，竟然沒有打電話給她。」但後來在廣州華僑學生補習學校，他愛上一個女孩，從此就開始了寫詩。

八十年代廣州的大學，學院氣氛應該也接近於學潮中心的北京和合肥。那一代青年學子的理想主義無人能逃脱其感染，「當時非常自由，我基本上整個大學都沒有上學，自己看書。書很便宜，每月花一兩百塊錢買書，到畢業的時候一共打包了二十多箱書回香港。」政治思潮對黃燦然也有影響，「我們也跟着北方鬧，我主編了一份油印報紙《SUB》，專講地下文化，在學校裏很轟動。到『八六學潮』的時候，我們都去貼大字報。」

讓黃燦然自豪的是，三十歲之前他把該經歷的事情都經歷了：從農村到城市，大學時戀愛，提前了半年畢業，就結婚了，二十五、六歲的時候，在香港打幾個月工，就回去福建的家陪老婆孩子，「孩子出生，我還常常坐三、四個小時汽車從泉州去廈門買書。」

回到香港，欣賞他文學才華的人推薦他去《大公報》做翻譯，試譯了兩篇就錄用他上班了——這工作一直做到現在，足足做了二十年。一九九二年燦然的妻子和女兒才來香港和他團聚。說到妻子小蔡，黃燦然透露了一點早期的浪漫史，「以前在工廠的時候，一個不認識字的女工友常常讓我幫她讀信，信是她的侄女也就是小蔡從福建寫來給她的，有一次小蔡讓她買一本電影雜誌，我説我就有這本雜誌，於是給小蔡寄去，從此開始通信。我去廣州讀大學的時候，她還在讀中學。」小蔡有首詩〈小蔡去看男朋友〉寫的就是她從福建去廣州看望燦然的經歷。

黃燦然目前的生活習慣二十年前已經確定，無論如何，他依然感激家庭對寫作者的影響，「你必須有個家，需要你去承擔責任的家，與媽媽的家不一樣。那是生命最重要的，如果你沒有家庭生活、它的痛苦和幸福，你過的只是表面的生活，不是真正的生活。」這句話，是他寫作最佳的註腳。

燦然很少離開香港，但翻譯和評論的視野遍佈全球。寫詩和譯詩是他最重要的事業，「寫詩比譯詩難，翻譯你有了各方面的技術就可以做到，寫詩的話就算你理解力好、語言也好、對世界的感受力也好，也不能保證你詩能寫好。可是不但寫作、甚至我的人生都受益於翻譯，因為翻譯很需要耐性，對於生命來說耐性很重要。」

「現在我最有樂趣的環節是做校對，校對自己翻譯的東西。這需要很冷靜地發現自己的錯誤。一本書我要英文和中文反覆讀五、六遍，這讓我理解了什麼是真相。」翻譯影響人生、人生又影響翻譯，「還影響你怎樣看別人，馬虎不得。翻譯給我帶來太多，所以它成為了我的責任，無論工作多繁忙，都要把翻譯放在第一位。」

大量高強度、高質素的創作，黃燦然在寫作上的「野心」明顯有別於其他詩人，這與繁瑣的香港日常生活之間的衝突，竟然也能化為互利關係。「寫作肯定需要有很大的抱負，看起來是一種野心，最後其實是一種你必須做的事情，因為能這樣做的人很少，會變成一種責任。你的小自我要擁抱大自我，進入一種無我的狀態。」他這樣定義寫作：「最初是你的天賦，最後是你的天命。」

在香港做一個詩人是一種考驗，「我只能慢慢把香港當成一個泉州一樣的小地方，就像福克納也在一個小鎮寫作，那個小鎮對他已經不重要，我也只能這樣。我在這裏創作，大陸和台灣誰要出版我的作品、譯作就給他們。這樣心態會好一點，和很多在小地方的大作家一樣，我不只為這個小地方寫作——正如耶穌所說：先知在自己的家鄉是最沒市場的，不能把香港看得太重要。」這也是他與許多本土作家的不同。

而文本上的不同在於，他的詩在客觀、克制的描述表面下，其實有很私人、很主觀的抒情特質，他對詩歌有很重的期許：「詩歌應該是成熟的詩歌，中國詩歌大多數都在四十歲左右停止，只是青春期的詩歌。一個人過了三十歲還要讀詩，就找不到任何詩人給他安慰、給他指導，因為我們沒有成熟的詩歌。」燦然認為他有責任改變這個現象，「任何一個有責任感的詩人都要這樣嘗試，要讓下一代的詩人能在我們的詩歌中找到生活各方面的安慰。成熟的詩歌應該讓讀者在不同向度都能在詩人身上發現新的東西。」

同時作為一個漢語詩人和一個西方詩歌的譯者，他身上東方和西方的元素的比例分佈也是個有趣的現象。「東方的東西更多是作為一種生活習慣，環境和父母那些天生的東西是很中國的，但在寫作上我更傾向西方，年紀越大越西方，西方強調不妥協——中國人很快就軟化，把創作跟當官、地位等掛鈎，有了地位就開始亂說話，這是中國人的通病。西方作家能夠堅持到底，不買任何人的賬。」

相較於當年那個慘綠青年，我很想知道今天的他如何對付孤獨與虛無，他的答案就是工作，「盡可能不要考慮自己，這甚至和宗教一樣，自我太狡猾太複雜了，做事情完全奉獻那樣就很好，孤獨完全是因為自我在起作用。我基本上是一個悲觀的人，正因為悲觀才去探討人生，我悲觀但積極，那就是不斷行動，才不會被腦子裏的悲觀拖着走。」

最後他說：「我並不憂心未來，正如耶穌說的：今天有今天的煩惱，明天有明天的擔當。」對於把文學幾乎當成宗教一樣去踐行的人來說，詩就是一種最有力的擔當和鍛煉。

天堂、人間、地獄

你身上有天堂，但你看不見因為你以為它在別處，
你身上有人間，但你也看不見因為你只感到自己在地獄，
所以你身上全是地獄但你以為這就是人間人間就是這樣。
我也曾像你一樣是地獄人，但後來像移民那樣，變成人間人，
再後來變成天堂人但為了一個使命而長駐人間，
偶爾我也回地獄，像回故鄉。

點評

黃燦然近年的詩作，語言輕鬆自如，談論宏大的問題就像談論家長里短，這首詩裏天堂地獄人間三元的對立，被詩人化作一個普通香港人常見的境遇：移民、回故鄉等，讓讀者頓悟人生不過如此平常，又竟然如此大開大闔。

附錄

向西方詩人學習拚死的精神

二〇〇六年訪黃燦然談翻譯

作為一個青年翻譯家，黃燦然的能耐和貢獻有目共睹，首先是他以同時是一個優秀詩人的身份翻譯的大量現當代詩歌，其中聶魯達（Pablo Neruda, 1904-1973）的《二十首情詩和一首絕望的歌》已成經典，卡瓦菲斯（Constantine Cavafy, 1863-1933）可以說是他一手挖掘出來帶進中國詩人的視野的，從英語轉譯其他語種詩歌是他的拿手好戲，他甚至作文為轉譯張目，而他的譯作品質又為此提供了有力證據。實際上他的詩歌翻譯和詩歌創作密切相關，在我以前給他寫的評論〈黃燦然的角度〉中我曾指出：「當翻譯的角度從漢語出發，指向英語，然後擴大它的度數，超過了180度角，落到了被翻譯的詩歌與翻譯者所依賴的語言本身的時候，翻譯是否只是無涉於寫作的一種傳遞手段？」這種相生關係，以前在穆旦、馮至等前輩身上有之，現在已經很少見了。

詩歌以外他還翻譯了大量的文論，尤其是美國海倫．文德勒（Helen Vendler, 1933-）和蘇珊．桑塔格（Susan Sontag, 1933-2004）的，還有很多詩人談詩的文章；小說翻譯上他也不遺餘力，哈金、拉什迪等一流小說家他都大量翻譯。有時你看着這消瘦的身軀，不禁會想它怎能承受如此大的消耗，產生如此大的能量。

這天和他相約於一家書店樓上的咖啡館。咖啡還沒放下，錄音筆還沒打開，他看見我包裹的一本卞之琳翻譯《英國詩選》，我說最近重看這個譯本覺得不太滿意，結果就引出了他的一大段話。

「最好的版本不一定就得到每個人的喜歡。有很多音調，用詞，不同的讀者有不同的愛好。有些差點的譯本在另外一個有能力的讀者那就看出好處了。好的版本他也不一定有興趣。有時候你喜歡這個版本不一定就是說這個版本就是最好的，最完美的。一個具體的讀者，在不同時間不同心情裏，對譯本的要求都是不一樣的。

「翻譯家得到的肯定比較多方面，因為他好的時候就意味着他能力比較高，能得到同行或詩人的肯定，但不一定就等於一個好的翻譯家就什麼都好，一個壞的翻譯家就一無是處，一個一般的翻譯家就能夠得到一些讀者。閱讀者的能力非常重要。我們很多人的觀念就有問題，把翻譯家想像得非常完美，比如這個名家譯的荷馬你一看不好，你就有點失望，說不定反過來你就說這個翻譯家一點不好，事實上並不是這樣。最近這種現象越來越嚴重，就是把好的翻譯等同於準確。這是個非常簡單的評價標準，任何好的翻譯家都不是由專家來肯定的，翻譯史上你去看都是這樣，他是由讀者來肯定的。因為一個好的翻譯家有很大的能力，第一就是刪改的能力，省略或增加一個詞的能力，專家是不敢做的，他必須準確。所有好的翻譯家都不願意受原作束縛，但所有好的翻譯家都願意在創造性之外更加準確。

「比如 Arthur Wally 翻譯日本的《源氏物語》，是開天闢地的，但是後來人家發現他也是刪刪改改，事實上是因為他們自己有創造力，就這麼簡單。如果你覺得人家不應該改，你就應該有這種能力提供一個更加完整的版本。你來提供，第一，可能是一個非常準確的讀本，但可讀性不高，但也不是不能這樣做，後來又有些人的譯本不但準確而可讀性也高。但好的翻譯家永遠不受準確性這種東西限制，他那種準確性不是字面上的準確性，他有創造性。

「另外一個現象就是我們現在太多人覺得現在的翻譯非常差，這是個很大的問題，確實是更差了，但你也不必絕望，因為每個時代都是一樣的，這個時代的創作不是也有很多很差的嗎？不必特別奇怪。另外有個問題就是以前翻譯都有專業的外國文學出版社，或出版社有專業的外文部，這樣的話，譯者就能得到懂原文的比較資深的專家來校對，現在是任何出版社都能出外文翻譯，編輯一般都不懂外文，所以一旦有錯誤或可以改善的也不知道。但這東西也有好處，就是你的東西不讓那些專業的審查，就更自由了，有些詩人外語可能好也可能不好，但他就有機會不經過那個程式，就可能好的東西出來了。」

他一氣呵成說了上千字，然後我才有機會提出我的問題。

當你開始學習寫詩的時候，你也剛開始學習英語，你覺得這兩者之間的關係最初是怎樣的？現在又是怎樣？

兩者之間關係永遠是互相幫助，現在好像也沒有改變。最初是你的某種詩歌本能來指導你譯詩，但翻譯過程中很多程式、很多要求，比如準確性或想像力，或者譯詩過程中意料不到的東西，還有你要深讀精讀一首詩，要去查資料，做好各種準備，這些都反過來對你提出更高要求，這種要求反過來又在譯詩時有幫助，最後進入一個良性迴圈。

寫詩和翻譯，哪個給你帶來更多的快樂？

當然是寫詩最重要，是整個生命的中心點。但是有時候確實感到不知道幹什麼的時候，翻譯就給你帶來有意思的東西了。無聊時就會浪費很多時間，翻譯就會不讓你浪費，翻譯時候整個就靜下來了，而且通過表達人家的東西，你又進一步加強自己感受力，詩歌是最重要的，但翻譯能幫助詩歌。後來有更多的情況就是你在讀詩、想詩的時候，不斷發現新的詩人，這一過程中找到很多刺激，你發現一個好詩人時就會開始想翻譯了，看看他是什麼樣子的，也想讓朋友跟你分享這種樂趣。

你在寫詩時的狀態與你在做翻譯時的狀態有什麼不同？

寫作狀態有壓力，翻譯狀態沒壓力。翻譯是比較享受的。寫作快感可能更大，但有壓力。比如說一首詩明明是一首非常好的詩，但你非要把它標記出來，哪怕做不到，但有時一首詩你只能感覺到，根本看不到，你不知道它後果會怎麼樣，你小心翼翼，冒險的快感更大，一首詩你可能三、四年，或四、五年才能把它寫出來，但翻譯基本上不存在這個問題。

你的翻譯觀有否一個演變的過程？

基本上沒有變。在保持現代漢語某種流暢性的前提下，盡量保持直譯。但並不是說我不欣賞人家的意譯。

中國的翻譯家，哪一個是你的私淑仿效的物件？為什麼？他的人品和譯品如何？

有一些，比如穆旦，作為一個大氣派的翻譯家，譯的比較有系統，有的詩人他是整本整本譯的，他有開拓性，一方面譯經典，另一方面新的詩人如奥登（Wystan Hugh Auden,

1907-1973），譯英國現代詩選，又譯浪漫主義的，也譯現代詩，所以我覺得他是比較模範性的榜樣。還有馮至譯得又少又精，我也很欣賞。大家忽略的王佐良，他和穆很不一樣，穆是比較專業的翻譯家，但王譯得非常廣，每個人譯個十首八首，不是大規模的，但他能夠保持非常高的水準和品味，給我們帶來現當代更多敏感性，讓我們了解非常多的詩人，對我的影響挺大的，我也很喜歡他的文章。

（做人方面的影響呢？）詩人各方面都有些很重要的東西，但我總感覺到要追隨的榜樣無論是外國詩人、藝術家，還是中國的如魯迅，他們比較厲害的就是他們有一種奮不顧身、始終一致的立場，無論是面對障礙還是什麼，都有種堅持一貫的東西。在中國現代詩人之中很難找到這種東西，原來說穆好像是挺模範的，但五十年代以後他初期寫的一些詩我真的很難接受，另外很多詩人都沒有活到更老繼續創造很夠水準的東西，很多詩人還是很壞的榜樣。所以基本上我覺得要寫詩，還是學外國詩人，我也推崇中國傳統，但我始終認為中國詩人還是要向西方詩人學習，學習那種拚死的精神，我們中國人很容易散下來，到三、四十歲就散下來享受生活，在這個環節上要學還是要學外國，跟着中國人三、四十歲，四、五十歲就完蛋了。

翻譯有可能超越原作嗎？

絕對有，這種情況下不得了，比如說趙毅衡翻譯的潘・沃倫（Robert Penn Warren, 1905-1989）《世事滄桑話鳴鳥》，原文看不出來有好處；還有如韋利的白居易，覺得一點都不遜於白的原文。

現代詩歌交流中，中譯西詩和西譯中詩之間的不平衡說明了什麼？

事實上如果純粹從中國詩來說，古代的他們翻譯的非常多，我有一個理論，我們的詩還嫩着呢，還是初級階段。事實上如果從民族情緒上說是不平衡的，但作為一個讀者來說，我本身讀的詩都是外國的，讀些現當代幹什麼呢？我這不是平不平衡，而是感到他們寫得更好，更獨特。現代漢語太年輕了，一點不奇怪，另外也涉及各種因素，如學漢語的人原來很少，慢慢增加，說不定幾百年後翻譯我們的很多，反過來我們翻譯的很少。西方太大，我們都習慣說中/西，「中」是一個國家，但「西」是上百個國家。這樣我們就覺得譯了很多，但我打個比方，如果研究一下我們譯的德國詩多還是德國譯的中國詩多，我想是說不定德國人譯我們的還多，而且歷史悠久，比如說我們譯的英國詩多還是英國譯的中國詩多，英國詩對中國詩的影響更深，還是中國詩對英國詩的影響更深，我想後者可能還高。這樣看事實上並不那麼不平衡。

有人說中國的翻譯家往往是好詩人或者優秀的詩歌鑒賞者，但詩人往往是蹩腳的翻譯家，你怎麼看？

我們做一個比較，在外國很多蹩腳的翻譯家，太多了，詩人做翻譯家，很多翻譯我們古典詩，我想我們還是要看好的不是看壞的，因為要去找壞的東西實在太多，無所不在，而且現在看以前會多很多敬意，我們當代就很不喜歡當代，當代詩人沒有當代的同行，我們可能明明有十個八個非常好的詩人，但我們自己可能傾向於除了我自己就沒有什麼好詩人，所以有些東西還要經過一定的時間，比如我們這代人可能要等到幾十年後人家再來看可能就會有個比較好的或客觀的角度，我們現在看那代人的東西就開始對他們表示敬意。

你翻譯一篇詩歌之前是否要求自己一定要讀懂它？

翻譯可以有兩種類型。第一種也是翻譯的初級階段，就是看到一首詩有所感，起碼是有所感，就把它譯出來，然後看看效果怎麼樣。這時候你實際上是不顧後果的。現在實際上是整體上先考慮會不會把它譯好，再下筆。但有些詩你一看就知道譯不出來，所以有時候你就勇敢一點，也是有好處的。比如哈代我是不敢譯的，很多東西沒辦法譯出來，所以就放棄了。但你要是勇敢一點，而且看不出這麼多好處，就把它譯出來，效果更好。所以詩歌也是一種很奇怪的東西。

談談你最滿意的幾次翻譯吧。

成功的譯詩肯定很多。比如我譯了一首布萊希特〈回憶瑪麗安〉，我還做了一點小小的改動，比他原來的不一樣。再比如我譯雅可泰的幾首詩，辛波斯卡、卡瓦菲斯，都有幾首我挺喜歡的。翻譯小說反而更嚴謹，詩可以你主動發揮得更多，小說很難發揮什麼大的主動性，所以小說我不認為是什麼強項。我比較喜歡文論性的，最近剛譯了桑塔格《旁觀他人的痛苦》，有時要衡量一下如果我譯詩，我多譯一首或多譯一本，都可以對同行等有貢獻。因為我真的是有這種才華，但譯本小說我認為別的人隨便可以替代，但我譯詩不可替代。譯文論對我來說感到很刺激，因為那種直譯就可以保持現代漢語的獨創性，這是最能滿足我翻譯的那種衝動。有時你看到一篇非常精彩的，它在英文裏可能也並不是很刺激，但你翻譯成現代漢語就很刺激，這很有意思。

如果要你選擇一個打算窮盡一生去翻譯的詩人，那是誰？

現在很想譯的，一個是薩巴，還有一個是馬查多，這些都要通過英文，我是從英文感受，特別受他們的震撼。（有沒有打算為他們學習另一門外語？）很想，但發現幫助不是那麼大，說不定知道了更多微妙的東西但又不想譯了。馬查多想譯兩本很重要的，起碼要譯一本單本的出來，薩巴我想譯一本詩集。還有萊奧帕爾蒂，我也非常喜歡，很想出一本他的詩和散文，因為他的詩相對不是很多。

浮城述夢人

香港作家訪談錄

責任編輯　梁健彬
書籍設計　嚴惠珊

作　　者　廖偉棠

出版發行　三聯書店（香港）有限公司
香港北角英皇道四百九十九號北角工業大廈二十樓
Joint Publishing (H.K.) Co., Ltd.
20/F., North Point Industrial Building,
499 King's Road, North Point, Hong Kong

發　　行　香港聯合書刊物流有限公司
香港新界大埔汀麗路三十六號三字樓

印　　刷　中華商務彩色印刷有限公司
香港新界大埔汀麗路三十六號十四字樓

版　　次　二〇一二年十月香港第一版第一次印刷

規　　格　特十六開（150×210mm）二一六面

國際書號　ISBN 978-962-04-3261-3